아바타명상 × 아미타명상

가자, 가자, 건너가자

아바타명상 × 아미타명상

가자, 가자, 건너가자

글 :: 월호

민족사

차례

제1부 아바타 명상

제2부 아미타 명상

아미타 부처님과 주파수 맞추기 / 126

제3부 선정쌍수

참다운 공(空)은 무(無)가 아니다 / 220

돌이켜보니, 마음고생이 극심할 때에 가장 큰 위안을 얻은 곳
이 영주 부석사였다.

출가 전, 가까운 이들의 잇따른 죽음을 지척에서 목격하고,
문득 '다음은 내 차례'라는 생각이 들었다. 공황장애로 불안하기
짝이 없던 마음에 배낭 하나 걸쳐 메고 방황하다 우연히 도착한
곳이 부석사였다.

무량수전에서 7일기도 회향 전날, 저녁예불 후 홀로 목탁을
치며 밤새도록 철야 정진을 하였다. 한겨울 깜깜한 산중 법당에
서 홀로 정진하려니, 처음 몇 시간 동안은 무섭고 두려운 생각이
몰려왔다. 심지어 등 뒤에서 무언가 끌어당기는 느낌까지 들어
오싹했다. 하지만 '기도하다 죽은 귀신은 때깔도 좋겠지.'라고 다
짐하며 계속 밀어붙였다.

그러자 어느 순간부터 목탁이 저절로 쩍쩍 달라붙더니, 아랫
배에서 상서로운 기운이 솟아올랐다. 또한 '석가모니불' 정근이
저절로 '샤카무니불'로 바뀌었다. 당시에는 무량수전의 부처님이
아미타불인지도 모르고, 그저 익숙한 '석가모니불'만 불렀던 것
이다. 또한 '석가모니'가 본래 범어로 '샤카무니'인 줄도 몰랐던
때였다. 어쨌든 그로부터 마음이 상당히 든든하고 편안해졌다.

전혀 상상하지 못했던 신비로운 체험이었다.

그 후 출가하여 지리산 쌍계사에서 강원을 졸업하고, 유서 깊은 산내 암자인 국사암으로 올라가게 되었다. 때마침 백중날이 얼마 남지 않은지라 칠석부터 백중까지 꾸준히 기도를 하였다. 그런데 백중기도 회향 날 법당 앞마당에서 봉송의식을 진행하던 중, 홀연 눈을 의심케 하는 일이 생겨났다.

위패를 태우는 소대(燒臺) 뒤편 허공 한가운데에 아미타 부처님과 4대 보살님께서 크나큰 모습으로 출현하신 것이다. 아미타 부처님이 정중앙에 서 계셨고, 관음·세지보살님이 좌측과 우측에, 문수·보현보살님이 위와 아래에 서 계셨다. 실로 상서롭기 짝이 없는 체험이었다.

당시 함께 기도하던 대중이 이십여 명 있었는데, 이러한 현상에 대해 아무런 말이 없었다. 그래서 '나 혼자만 보았나? 분명히 봤는데.'라고 의아해하며, 또한 아무 말도 하지 않았다. 점심 공양 후에 부산에서 온 불자님이 찾아와 자신이 불보살님을 친견했다고 말해서 비로소 확신을 갖게 되었다.

그랬건만 이런 체험에 큰 의미를 두지는 않았다. 당시에는 다만 참선을 통해 생사일대사를 해결하고자 했기에, '몸뚱이로 나를 보거나 음성으로 나를 구하는 자는 여래를 보지 못하리라.'라는 색즉시공(色卽是空)의 가르침만 금과옥조처럼 믿었던 것이다.

하지만 이 또한 머무르게 되면 공(空)에 떨어지게 됨을 깨치게 되었다. 색즉시공에서 한발 더 나아가 공즉시색(空卽是色)으로 가야 한다. 형상은 진정한 부처가 아니며 음성 또한 공한 것이지만, 형상과 음성을 떠나서 부처님을 따로 볼 수도 없는 것이다.

이야말로 머무는 바 없이 그 마음을 내는 것이다. 공(空)에도 머무르지 않고 그 마음을 내는 것이, 형상[相]으로써 형상[相]을 다스리는 이상치상(以相治相)이며, 아바타로 아바타를 치유하는 이환치환(以幻治幻)이다.

중생을 제도하려면 눈높이 학습이 필수다. 아바타 중생은 아바타 부처로 다스려야 한다. 관세음보살은 32종류의 아바타로 나타나신다. 석가모니불은 천백 억 아바타로 나타나신다. 아미타불은 삼백 육십만 억 아바타로 나타나신다. 우리는 몇 가지로 아바타를 나타낼 수 있을까?

불기 2568(2024)년 봄날
와룡산 금련대에서
행불사문 월호 합장

도움 주신 분들께 감사하며…

책을 집필하며, 의외로 극락정토에 관한 자료가 풍부함에 놀랐다. 하지만 다소 어렵거나 피상적인 내용들이 많았다. 여생을 극락정토 가이드로 살고자 발원한 필자로서는 좀 더 쉽고 일목요연한 가이드북이 필요해 보였다.

다만 죽음에 임박해서가 아니라, 삶 속에서 생사 일대사를 쉽게 해결할 수 있는 정토 수행으로 많은 이들이 깨어나기를 기원하며 이 책을 엮어보았다. 당연히 필자의 체험이 우선되어야겠지만, 사후세계인 극락정토 체험에 관련한 대목에는 엄연히 한계가 있었다. 이에 다수의 경전과 어록은 물론, 선지식 여러분의 체험담과 주요 자료를 다수 인용할 수밖에 없었음을 밝힌다.

삼세인과 사례담은 무념·응진 역 『법구경 이야기』와 큰스님들의 체험담에서 주로 인용하였다. 『정토삼부경』은 청화 큰스님 역, 보광 큰스님 역, 그리고 김현준 역을 참조하였다. 특히 '무량수여래회' 자항 법사가 인터넷에 올려놓은 정토 관련 자료는 매우 다양하여 공부와 집필에 큰 도움이 되었다. 김성우 편저, 『염불각자열전』에서는 정토행자들의 체험담을 인용하였다.

관정 법사의 『극락세계 유람기』 또한 생생한 내용이 실로 경이롭다. 극락왕생 사례담은 주로 보정 서길수 편저, 『극락 간 사람들』에서 발췌 인용하였다. 그 책의 저작권은 모든 이들에게 있으며, 누구나 책의 일부 또는 전부를 옮겨 쓸 수 있다고 하였다. 다만 존경스러울 따름이다. 범본 『아미타경』 또한 보정 서길수 역을 참조하였다.

더불어 일일이 열거하지 못한 선지식 여러분과 집필을 의뢰한 민족사에도 깊이 감사드린다. 40년가량 참선 수행과 전법에 몰두해 온 필자가 이제라도 선정쌍수에 눈을 뜨게 되었으니, 다만 감사하고 감읍할 따름이다.

제1부
아바타 명상

아는 만큼 보인다(一水四見)

한 동자승이 낮잠을 자고 있었다. 이를 본 노스님이 잠을 깨웠다.

"이놈! 절에서 낮잠이라니. 당장 일어나지 못할까?"

마지못해 잠에서 깨어난 동자승이 무척 서럽게 울어댔다.

"왜 우느냐?"

"꿈을 꾸었어요."

"무서운 꿈을 꾸었느냐?"

"아뇨."

"그럼 슬픈 꿈을 꾸었느냐?"

"아뇨."

"도대체 무슨 꿈을 꾸었기에 그리 슬피 우는 것이냐?"

"그건… 달, 달한, 달콤한 꿈을 꾸었어요."

『금강경』에서는 설한다. 인생은 한바탕 꿈[夢]이며, 이 세상은 가상 현실[幻]일 뿐이라고. 하지만 사람들은 이를 믿지 않는다. 설사 그렇다 해도 꿈을 깨고 싶지 않다. 오히려 달콤한 꿈꾸기를 갈망한다. 심지어 '꿈★은 이루어진다.'면서 꿈꾸기를 더욱 부추긴다. 하지만 사바의 꿈 속에 있는 한, 길몽과 흉몽은 무한히 반복된다. 더 이상 악몽을 꾸고 싶지 않다면, 꿈 깨는 것이 상책이다.

어떤 이는 말한다. 마음 편하면 지금 이곳이 극락이지, 극락이 따로 있는 것이 아니라고. 실재하는 것은 오직 눈앞에 펼쳐진 이 세상뿐이며, 지옥이니 천당이니 하는 것은 모두 허상이라고 주장한다. 정말 그럴까?

일수사견(一水四見)이라는 말이 있다. 똑같은 물이건만 아귀는 피고름으로 보고, 물고기는 집으로 보고, 사람은 물로 보며, 천신은 옥쟁반으로 본다. 보는 이의 안목에 따라 달리 보이는 것이다. 이 세상이 진짜 있다고 보면, 지옥이나 천당도 진짜 있다. 이 세상이 가상현실이라고 깨치면, 극락도 가상현실로 존재한다.

이 몸이 '나'라고 보면, 절대 윤회에서 벗어날 수가 없다. 이 몸이 '아바타'라고 보는 것이 해탈자의 안목이다. 중생은 몸과 마음이 '진짜 나'라고 보아 윤회게임에 몰두하고, 보살은 몸과 마음이 '아바타'라고 보아 해탈게임을 즐길 뿐이다.

중생은 내가 있어(有我) 윤회게임 몰두하고
보살은 내가 없어(無我) 해탈게임 즐긴다네.

1장

몸과 마음은 아바타

아버지의 유산

   부처님의 깨달음에 대하여 십이연기·중도·공(空)사상 등 다양한 학설을 제시하고 있다. 하지만 가장 쉽고 정확한 표현은 '아바타'이다. 『경덕전등록』이나 『조당집』·『직지심경』에서는 과거 7불 깨달음의 내용이 '몸과 마음은 아바타'라고 밝히고 있다.

   비바시 부처님이 게송으로 말씀하셨다.

> 몸은 형상이 없는 곳으로부터 태어난 것이
> 마치 아바타(幻)가 온갖 형상으로 나타난 것과 같다.
> 아바타 인간의 심식(心識)은 본래 없으니
> 죄와 복도 모두 공(空)하여 머무는 바가 없다.

   시기 부처님도 게송으로 말씀하셨다.

> 온갖 선한 일을 하는 것도 아바타(幻)며
> 온갖 악한 일을 하는 것도 아바타(幻)다.

몸은 물거품 같고 마음은 바람 같은 것
아바타의 출현은 근거도 없고 실상도 없다.

구류손 부처님도 게송으로 말씀하셨다.

이 몸이 실체가 없다고 보는 것이 부처님의 견해이며
이 마음이 아바타(幻)라고 깨닫는 것이 부처님의 깨달음이다.
몸도 마음도 그 본성이 텅 비었음을 깨달으면
이 사람이 부처님과 무엇이 다르랴?

가섭 부처님도 게송으로 말씀하셨다.

일체 중생은 그 본성이 텅 비어서
본래부터 태어남도 없고 소멸함도 없다.
이 몸과 마음은 아바타(幻)로 생긴 것이다.
아바타에는 죄도 없고 복도 없다.

모두 공통적으로 '몸과 마음은 아바타'라고 설하고 있음을 알 수 있다. 과거에는 원문의 '환(幻)'을 '허깨비'라 번역했다. 이는 '환상(幻想)'이나 '환영(幻影)'이라는 말처럼, 실제로 없는 것이 있는 것처럼 느껴지는 현상을 말한다. 하지만 이런 허깨비를 경험한 사람은 많지 않기에 그 의미가 쉽게 와 닿지 않는다. 현대에는 차라리 '아바타(avata)'라는 용어가 훨씬 더 실감나지 않을까?

아바타는 본래 범어인 '아바타라(avatūra)'에서 파생된 말이다. 중생을 교화하기 위해서 하늘에서 강림한 분신(分身)·화신(化身)을 말한다. 예컨대 「서유기」의 손오공이 수없이 많은 적을 물리치기 위해 자기 머리카락을 뽑아 다수의 분신을 창조해 함께 싸운 것을 연상하면 된다.

현대에는 가상현실에서 자신의 아바타를 창조해 게임을 즐기기도 한다. 말하자면, 가상현실 속 아바타가 다시 가상현실 속 아바타를 만들어 내 게임을 즐기고 있는 것이다. 그런데 이런 말을 과연 믿을 수 있을까?

여기 두 갈래 길이 있다. 하나는 이제부터 각고의 수행을 통해 언젠가 부처님처럼 '몸과 마음이 아바타'라고 깨달음을 얻는 것이다. 다른 하나는 이미 설파해 놓은 부처님의 깨달음을 굳게 믿고, 지금부터 잘 활용하는 것이다.

예컨대 무일푼으로 시작해 자수성가한 국내 굴지의 재벌이 있다고 하자. 그에게는 자식이 있었다. 그렇다면 그 자식 또한 아버지의 도움 없이 스스로 자수성가해 재벌이 되기를 원하겠는가? 아니면 아버지의 경험과 재산을 십분 활용하여 국내 재벌을 세계 굴지의 재벌로 만들어 가기를 원하겠는가?

『법화경』에서는 설한다. 부처님은 모든 중생의 아버지라고. 아버지의 유산을 잘 활용하는 것이 현명하지 않을까?

일곱 부처님의 공통 가르침

몸도 마음도 어차피 본성이 텅 빈 아바타이기에 죄도 없고 복도 없다 했으니, 그냥 막 살아도 되는 것인가? 그건 그렇지 않다. 아바타에게는 아바타의 몫이 있다. 게임의 법칙을 숙지하고 잘 이행해야 내공 점수가 올라가고, 훨씬 더 나은 아바타를 생성할 수 있는 것과 마찬가지다. 과거의 일곱 부처님께서 공통적으로 설하신 게송[七佛通戒]에서는 말한다.

모든 악행은 짓지 말고
뭇 선행은 받들어 행하며
스스로 그 뜻을 청정하게 하라.
이것이 모든 부처님 가르침   -『법구경』

비록 아바타일지라도 악행은 삼가고, 선행은 받들며, 마음을 청정하게 해야 한다. 악행과 선행에는 반드시 과보가 따른다. 바로 인과응보(因果應報)가 윤회게임의 법칙인 것이다. 사바세계에 존재하는 한 누구도 이 법칙을 피할 수 없다.

당나라 조과도림(741~824)은 나무 위 소나무 가지에서 좌선을 했기에 새 조(鳥)·둥지 과(窠), 조과 선사라 불렸다. 어느 날 이 고을의 군수로 온 백거이가 나무 밑에서 물었다.

"선사께서 계신 곳이 몹시 위태롭습니다."

"내가 보기엔 태수의 위험이 더욱 심하오."

"저는 직위가 이 강산을 다스리는 것인데, 무슨 위험이 있겠습니까?"

"장작과 불이 서로 사귀듯 생각이 잠시도 그치지 않으니 위험하지 않겠는가?"

백거이가 다시 물었다.

"어떤 것이 불법의 대의입니까?"

"모든 악은 짓지 말고, 모든 선은 받들어 행하시오."

"그건 세 살짜리 아이도 할 수 있는 말입니다."

"세 살짜리 아이도 말할 수 있으나, 팔십 세의 노인도 행하기 어렵지요."

백거이가 마침내 절을 하였다.

비록 아바타일지언정 악행은 삼가고, 선행은 받들어야 한다. 그리고 마음을 청정하게 해야 한다.

백년어치 욕심

인도네시아에서 원숭이를 생포하는 동영상을 본 적이 있다.
원숭이는 제법 꾀가 많고 동작도 빠르며 나무도 잘 타기에 여간
해서는 잡기가 어렵다. 하지만, 산 채로 아주 손쉽게 잡는 방법
이 있다. 그것은 원숭이가 살고 있는 숲의 나무에 손이 겨우 들
어 갈 만한 구멍을 뚫고, 그 안에 원숭이가 좋아하는 먹이를 잔
뜩 집어넣는 것이다. 그리고 숨어버리면 끝이다.

멀리서 이 모습을 바라보던 원숭이는 마침내 호기심을 참지
못하고 나무로 다가온다. 나무구멍 속에 자신이 좋아하는 먹이
가 있는 것을 보고 손을 넣어 꽉 움켜쥔다. 하지만 간신히 밀어
넣은 손을 잔뜩 움켜쥐고 있으니 결코 빠져나오질 않는다. 심지
어 사냥꾼이 웃으면서 슬슬 다가가도 도망치지 못하고 그 자리
에서 팔짝팔짝 뛰며 발악을 할 뿐이다. 도대체 어떻게 하면 손을
빼낼 수 있을까?

첫째, 신에게 기도한다. 제발 손이 빠지게 해달라고.
둘째, 운명이라고 생각한다.

셋째, 우연히 빠질 때까지 기다린다.

넷째, 손에서 먹이를 놓아버린다.

답은 누구나 알고 있다. 하지만 누구도 실천하기 어려운 일이다. 우리는 이미 욕계(欲界)에 살고 있기에, 욕심을 내려놓는 일이 결코 쉽지 않다. 그렇다면 어찌해야 할까? 다만 분수에 맞는 욕심을 내면 된다. 그것은 바로 백년어치 욕심이다. 마치 천 년만 년 살 것처럼 생각해서는 안 된다는 것이다.

부처님께서 사위성에 계실 때, 성 안에 여든 살의 부자노인이 살았다. 그는 집짓기를 좋아하여 사랑채와 별채 그리고 누각과 회랑을 지어놓고, 다시 별당을 짓는 일을 직접 지휘하고 있었다. 부처님께서 잠시 이야기를 나누고자 했으나, 그는 바쁘다는 핑계로 다음을 기약했다. 부처님께서 떠나신 후, 노인은 서까래가 떨어져 목숨을 잃고 말았다. 이에 부처님께서 게송을 읊으셨다.

어리석은 이가 지혜로운 이를 가까이 하는 것은
국자가 국 맛을 모르는 것과 같아
아무리 오래도록 가까이 하여도
그 진리를 알지 못하네.   -『법구비유경』

당신의 업 통장은 플러스인가, 마이너스인가?

부인이 넷인 남자가 있었다. 어느 날 건강에 이상을 느껴 병원에 가서 진찰받았는데, 얼마 지나지 않아 죽게 될 불치병이라고 한다. 차마 혼자 죽기는 싫어서 첫째로 애지중지하던 부인에게 함께 가자 권하니, '죽음까지 함께 갈 수는 없다'고 답했다. 둘째로 아끼던 부인에게 말하니 '가장 아끼던 부인도 안 가는데, 제가 왜 갑니까?'라고 말했다. 세 번째로 아끼던 부인에게 말하니 '장지까지는 따라가지요.'라고 했다. 할 수 없이 평소에는 돌아보지도 않던 마지막 부인에게 말했는데, 믿기 힘든 답변이 돌아왔다.

"다음 생은 물론이고 세세생생 함께 따라가겠습니다."

이 말을 들은 남자는 회한의 눈물을 흘리며 자신이 지금까지 헛살았음을 깨닫게 되었다. 이럴 줄 알았으면 진즉에 네 번째 부인에게 애정과 관심을 주었어야 했건만….

이것은 부처님께서 설하신 비유다.

첫째로 애지중지하던 부인은 자신의 몸뚱이와 자식을 말한다. 몸은 죽고 나면 태우거나 묻어버린다. 내생에 가져갈 수 없다. 자식들 또한 아무도 관속에 함께 들어가지는 않는다.

두 번째로 애지중지하던 부인은 재산이다. 집이나 재물 또한 내생에 가져갈 수는 없다. 그렇다고 유산을 모두 자식들에게 나누어주는 것은 결코 복이 되지 않는다. 적당히 나누어주고, 자기 자신을 위해서도 써야 한다. 죽기 전에 짓는 선행(善行)만 자신의 몫이다.

세 번째로 애지중지하던 부인은 친지나 친구들이다. 다만 장지까지 따라와 애도할 뿐, 죽음까지 함께 가지는 않는다. 물론 친지나 지인들에게 잘 대하는 것은 좋지만, 지나치게 열정을 쏟을 일은 아니다.

마지막으로 살아생전 제대로 쳐다보지도 않던 네 번째 부인은, 자신의 업(業)을 뜻한다. 죽더라도 스스로 지은 선행과 악행의 업은 남아서 다음 생은 물론 세세생생 함께 따라다닌다.

현재 그대의 업 통장은 플러스(+)인가 마이너스(−)인가? 플러스 통장이면 죽은 후에 지금보다 더 좋은 아바타를 받을 것이고, 마이너스 통장이면 지금보다 열등한 아바타를 받을 것이다. 모든 건 당신의 행위에 달려 있다.

스트레스 고객님, 오셨군요!

필자가 지리산 쌍계사의 산내 암자인 국사암에 머물던 시절, 방안에 난초 몇 송이를 기른 적이 있었다. 신기하게도 필자의 방에서 난초를 기르기만 하면 얼마 안 가서 꽃을 피우곤 했다. 특히 동양란의 꽃향기는 그윽하기 짝이 없었다. 그래서 손님이 오면 자랑삼아 말하곤 했다.

"난초도 저를 좋아하는 모양입니다. 이렇게 제 방에만 오면 꽃을 피우니 말입니다."

그러던 어느 날 방에서 화훼전문가와 차를 마셨는데, 문득 말한다.

"스님! 난초에게 스트레스를 꽤 주시나 봅니다."

"네에? 그게 무슨 말씀이신지요?"

"난초는 스트레스를 주어야 꽃을 피웁니다."

"네에?"

생각해 보니 맞는 말이었다. 물도 제때 주는 둥 마는 둥 하고, 햇빛은 거의 쐬어주지도 않았다. 어떤 때는 비가 줄기차게 오는

데도 마당에 그냥 방치해 놓은 적도 있었다. 이렇게 엄청난 스트레스로 생존 위협을 느끼면, 난초 스스로 죽기 전에 꽃을 피운다는 것이다. 난초는 모든 상황이 좋기만 하면 꽃피울 생각을 하지 않는다. 오히려 어려운 상황에 봉착해서 존속의 위협을 느껴야 후손을 남기기 위해 꽃을 피운다는 것이다.

난초도 이렇게 스트레스를 활용해 꽃을 피우는데, 우리는 스트레스가 없기만 바라는 것은 아닐까? 닥쳐오는 스트레스의 일어남과 사라짐을 지켜보면서 연습하다 보면 어느덧 깨달음의 꽃도 피어나는 것이 아닐까?

사는 것도 스트레스요, 죽는 것도 스트레스다. 생활 자체가 스트레스의 연속이다. 결국 잘 살고 잘 죽으려면 스트레스를 잘 다룰 수 있어야 한다. 그러기 위해서는 먼저 스트레스의 정체를 파악해야 한다.

스트레스는 게스트다. 주인이 아닌 손님이라는 말이다. 손님은 얼른 대접해서 빨리 보내는 것이 상책이다. 방문한 손님을 인사도 하지 않고 무시해 버리면 성이 나서 행패를 부릴 수도 있다. 또한 너무 극진히 대접하면 오랫동안 머무르며 자칫하면 손님이 주인 노릇을 대신할 수도 있다. 그러므로 스트레스를 받는 일이 생겨나면 먼저 이를 알아차리고 인사를 해야 한다.

"스트레스 고객님, 오셨군요."

그리고 적당히 보내야 한다. 주인의 마음을 챙기는 것이다.

스트레스가 없으면 수행이 없고, 수행이 없으면 진전도 없다.

스트레스가 없는 날은 공(空)치는 날

> 잡념이 일어나면 곧바로 알아차려라.
> 알아차리면 곧 사라지리라.　　　　　　　　　－「좌선의」

　잡념이 온 줄 알아차리면 곧 사라지는 것은 마치 도둑놈이 정
체를 들키면 도망가는 것과 마찬가지다. 하지만 쉽게 돌아가지
않는 경우도 있다. 그럴 경우 좀 더 지켜봐야 한다. 즉 스트레스
가 생겨나고, 치성하게 머물렀다 점차 사그라져서 마침내 사라
지는[生·住·異·滅] 일련의 과정을 주의 깊게 지켜보는 것이다.
이때 유념할 것은 다만 지켜보고만 있어야 한다는 것이다. 붙들
고 시비하거나 자꾸 건드리면 스트레스가 더욱 커질 수 있다.

> 모든 존재는 변화하기에
> 끊임없이 일어났다 사라진다네.
> 일어남 사라짐이 사라진다면
> 영원한 행복이 찾아온다네.　　　　　　　　　－『열반경』

번뇌가 일어나고 사라짐을 꾸준히 지켜보다 보면 점차 수그러든다. 매번 이러자면 번거로운 일이다. 하지만 번거롭다고 해서 손님이 오지 않기만 기대해서도 안 된다. 손님이 와야 집안을 돌아보게 된다. 정리 정돈도 새롭게 하고, 대청소도 하게 된다.

그러므로 오는 손님 막지 말고, 가는 손님 잡지 않아야 한다. 이런 연습을 꾸준히 하는 것이 생활 속 수행이다. 스트레스가 없는 날은 오히려 공(空)치는 날이다. 스트레스가 있어야 진전이 있다. 이것이 우리가 사바세계에 태어난 까닭이다. 오는 스트레스 막지 말고 가는 스트레스 잡지 말라. 다만 아바타의 스트레스로 바라보고 바라볼 뿐!

주의 깊게 알아차림은 죽음을 벗어나는 길
알아차림이 되지 않음은 죽음의 길
주의 깊게 알아차리는 이는 죽어도 죽지 않으며
알아차림이 되지 않는 이는 살아있어도 죽은 자와 같네.

― 『법구경』

스트레스를 아바타의 것으로 알아차림이 진정 살아있는 것이고, 자신의 것으로 생각함이 죽어있는 것이다.

걸림돌과 디딤돌

마음에 스트레스가 일어나더라도
'스트레스가 없었으면' 하는 알음알이를 일으키지 말라.
만약에 그런 생각이 일어나면
닉네임을 붙여 일어나는 곳을 살펴보고
분별심이 일어날 때에도
닉네임을 붙여 분별하는 곳을 살펴보아라.
만약 탐욕·성냄·그릇된 망상이 일어나면
곧 닉네임을 붙여 일어나는 곳을 살펴보아라.
더 이상 일어나지 않으면 곧 이것이 도 닦은 것이다.

— 『이입사행론』

닉네임을 붙인다는 것은 스트레스를 '나의 것'으로 지켜보는 것이 아니라, '아바타의 것'으로 지켜보는 것이다. 아바타의 스트레스로 바라보기 시작하면 그 스트레스는 더 이상 나의 스트레스가 아니고, 아바타의 스트레스가 된다.

아바타는 실체가 없다. 실체가 없는 아바타의 스트레스는 당연히 허망한 것이다. 허상인 것이다. 허상은 허상인 줄 알면 슬 그머니 사라진다.

비유하자면, 스트레스는 그냥 허상이자 돌일 뿐이다. 허상에 걸려 넘어지면 걸림돌이요, 허상을 딛고 일어서면 디딤돌이다. 그러므로 스트레스를 공부꺼리로 삼아야 한다. 스트레스가 없으면 공부가 없고, 공부가 없으면 진전이 없다.

『대승기신론』에는 공부가 얼마나 되었는지 스스로 판별할 수 있는 기준이 있다.

범부는 잡념이 생겨나서 머물렀다 사그라져야 비로소 알아차린다. 초발심보살은 잡념이 생겨나서 머무르는 동안 알아차려 내보낸다. 일정 경지에 오른 보살은 잡념이 일어나자마자 알아차려 내보낸다. 보살십지에 이른 이는 방편으로 생각을 일으키나 일으켰다는 생각이 없다.

잡념이 생겨나서 머무르다 사그라지고 나서야 뒤늦게 알아차린다면 그냥 범부다. 잡념이 생겨나서 머무르는 동안 알아차리면 초발심보살의 경지다. 잡념이 일어나자마자 알아차리면 어느 정도 경지에 오른 보살이다. 중생 제도의 방편으로 생각을 일으키지만, 그 생각에 머무르지 않으면 십지보살이다. 머무르지 않는 것은 중생도 아바타요, 보살도 아바타라고 생각하는 것이다. 당신은 이 가운데 어디에 해당하는가?

아바타 덕분에 공부 잘했구나!

내가 도움을 주었거나
크게 기대하는 사람이
나를 심하게 해치더라도,
그를 최고의 스승으로 여기게 하소서.   - 달라이라마

전법 발원을 세우고 이십여 년 전 서울에 입성한 필자는 도처에서 선지식을 만나게 되었다. 먼저 서울역에서 기차를 내려 지하철을 타기 위해 걸어가던 필자에게 한 무리의 피켓을 든 사람들이 쫓아오면서 '○○천국 불신지옥'을 연방 외쳐댔다. 이를 피해 지하철을 타니, 한 남자가 또한 그와 비슷한 구호를 외치며 통로를 걸어오다 필자를 보고는 멈추어 서서 정면으로 소리를 질러댔다.

또 한번은 불교방송국으로 가기 위해 택시를 탔는데, 방송국에 거의 도착할 무렵 택시 기사가 필자를 보고 "○○믿고 천국 가세요."라고 말하는 것이었다. 너무 어이가 없어서 "아니, 내가 당신 다니는 교회 목사님에게 '불교 믿고 극락 가라'고 하면 어떻겠습니까?"라고 반문하였으나, 내 말은 듣는 둥 마는 둥 자기가

하고 싶은 말만 해대는 것이었다.

　설상가상으로 선원이 세 들어있는 빌딩 관리자는 매일 아침
마다 필자를 보기만 하면 무어라 버럭 소리를 질러댔다. 처음에
는 무슨 말인지 잘 알아들을 수가 없었다. 어느 날 건물 입구에
서 정면으로 마주치자 또 삿대질을 해대며 버럭 소리를 질렀다.

　"할렐루야!"

　너무 기가 막혀서 말도 나오지 않았다. 아니 뻔히 승복을 입
고 머리 깎은 스님을 보고 이 무슨 무례한 행동이란 말인가. 그
나저나 어찌 대처해야 할까? 나도 같이 삿대질하며 소리를 질러
야 하나? 아니면 그냥 모른 척해야 하나? 웃어넘겨야 하나?

　분노는 참으면 병이 되고, 터뜨리면 업이 된다. 바라보면 누
그러든다. 마음속으로 다음과 같이 말하면서 바라보니 점점 누
그러졌다.

　"아바타가 화가 나는구나! 그대가 그에게 화를 낼 때, 무엇에
대하여 화를 내는가? 머리털에 대하여 화를 내는가? 아니면 몸,
털, 손발톱, 이빨, 살갗에 대하여 화를 내는가? 오온의 무더기에
대하여 화를 내는가? 몸과 마음의 존재는 순간적인 것이라서 이
미 사라져 버렸거늘 지금 그대는 누구에게 화를 내는가? 그에게
고통을 주려 해도 그가 없다면 누구에게 고통을 주겠는가? 그대
의 존재가 바로 고통의 원인이거늘 무엇 때문에 그에게 화를 내
는가?"

　"아바타 덕분에 공부 잘했구나!"

아바타가 보고 듣는다

바히야는 본래 배를 타는 선원이었다. 어느 날 배가 난파되어 동료는 모두 죽고 혼자만 간신히 살아남았다. 망연자실하여 부둣가에 앉아있으니, 오가던 사람들이 가엾게 여겨 돈이나 먹을 것을 던져 주었다. 때로는 헐벗은 모습이 가여워 옷가지를 가져다주는 이도 있었는데, 옷은 절대 받지 않았다. 왜냐하면 좋은 옷을 입고 앉아있으면 구걸이 안 될 것 같다고 생각했기 때문이다.

하지만 사람들은 이를 보고, 그는 보통 거지가 아니며 깨달음을 얻은 아라한일지도 모른다고 생각하게 되었다. 바히야 또한 이를 부정하지 않았다. 이에 전생의 도반이었던 천신이 나타나서 바히야를 타이르고, 진정한 아라한인 부처님께서 현재 기원정사에 계신다고 전해주었다.

마침내 바히야는 부처님을 찾아가, 탁발하러 가시는 부처님을 성문 앞에서 만났다. 이에 간절하게 법을 청하니, 길거리에 선 채로 부처님께서 설하셨다.

"바히야여, 보이는 것을 보기만 하고, 들리는 것을 듣기만 하고, 느끼는 것을 느끼기만 하고, 아는 것을 알기만 하라. 이렇게 하면 그대는 그것과 함께하지 않을 것이다. 이것이 고통의 소멸이다."

이 설법을 듣고 바히야는 곧바로 아라한이 되었다.

부처님의 설법을 듣자마자 선 채로 깨달음을 얻었으니, 그야말로 바히야는 돈오(頓悟)의 효시라고 할 수 있다. 부처님 당시엔 부처님 말씀만 듣고도 바로 깨달아서 아라한이 되는 경우가 많았다.

보이는 것을 보기만 하고
들리는 것을 듣기만 하고
느끼는 것을 느끼기만 하고
아는 것을 알기만 할 뿐!
거기에 그대는 없다. 이것이 고통의 소멸이다.

견견(見見) 문문(聞聞) 각각(覺覺) 지지(知知)!
말은 쉽지만 실행하기는 쉽지 않다. 생활 속에서 이렇게 연습해보자.
"아바타가 보는구나. 아바타가 듣는구나."
"아바타가 느끼는구나. 아바타가 아는구나."

아바타 창조의 일인자

　머리가 둔한 쫄라빤타까는 형님인 마하빤타까의 권유로 출가하였다. 하지만 4개월 동안 단 하나의 게송도 외우지 못했다. 이에 형은 동생에게 집으로 돌아가라 했지만, 그는 부처님이 좋아서 집에 가고 싶지 않았다. 하지만 지와까의 대중 공양청을 받은 형이 공양에서 자신을 제외시키자, 마침내 사원을 떠나려 했다.

　부처님께서는 이를 아시고, 그에게 깨끗한 하얀 천을 주시면서 '때를 닦자(라조 하라낭)'라고 외우도록 하셨다. 천을 문지르면서 '때를 닦자'고 외우다 보니, 어느덧 얼룩이 지면서 더러워졌다. 이를 보고, 조건에 의해서 생겨난 모든 것은 무상함을 깨닫게 되었다. 이때 부처님께서 지와까의 집에 앉아계신 채로, 사원에 남아있는 그의 앞에 광명의 몸[아바타]을 나타내 말씀하셨다.

때는 몸에 낀 때만을 말하지 않네.
때는 탐욕의 다른 이름
탐욕이 없는 청정한 나의 교단에서
비구들은 탐욕이라는 마음의 때를 제거하며 살아가네.

때는 몸에 낀 때만을 말하지 않네.
때는 분노의 다른 이름
분노가 없는 청정한 나의 교단에서
비구들은 분노라는 마음의 때를 제거하며 살아가네.

때는 몸에 낀 때만을 말하지 않네.
때는 어리석음의 다른 이름
어리석음이 없는 청정한 나의 교단에서
비구들은 어리석음이라는 마음의 때를 제거하며 살아가네.

　　　　　　　　　　　　　　　　－『법구경 이야기』

　이 게송 끝에 쭐라빤타까는 아라한이 되었다. 한편 지와까의 집에 계시던 부처님께서는 사원에 남아있는 스님이 없는지 알아보도록 하였고, 사원에 남아있던 쭐라빤타까는 신통으로 천 명의 분신[아바타]을 창조하였다. 이에 심부름을 한 이가 "부처님께서 쭐라빤타까를 부르십니다."라고 외치자 천 명이 동시에 응답하였고, 그중 가장 먼저 답하는 스님을 붙잡으니, 나머지는 모두 사라져 버렸다. 이로 인해 쭐라빤타까는 부처님 제자 가운데 아바타 창조의 일인자로 불리게 되었다.

광명의 아바타를 나타내다

어떤 비구가 부처님에게 수행 주제를 받아 숲으로 들어가 열심히 노력했으나, 아라한과를 성취하지 못했다. 마침내 그는 부처님이 계신 곳을 향해 길을 떠났다. 길을 가는 도중 아지랑이가 아른거리는 것을 보고 생각하였다.

'이 뜨거운 여름에 나타나는 아지랑이는 멀리서 보면 실체가 있는 것처럼 보이지만, 가까이 가보면 사라진다. 이와 같이 나라는 존재도 일어나고 사라질 뿐이지 어떤 실체가 있는 것이 아니다.'

그는 또 길을 가다가 덥고 피곤하여 강에 들어가 목욕하고 폭포 옆에 있는 나무 그늘에 가서 쉬었다. 물거품들이 방울방울 생겨나 흘러가다가 바위에 부딪쳐 사라지는 것을 바라보며 생각하였다.

'나라는 존재도 또한 물방울과 같다. 존재가 태어나는 것은 물방울이 일어나는 것과 같고, 죽는 것은 물방울이 사라지는 것과 같다.'

이에 부처님께서는 기원정사에 앉아계신 채로 비구의 앞에 광명의 모습[아바타]을 나타내어 말씀하셨다.

"비구여, 그러하다. 이 존재도 또한 물방울이나 아지랑이처럼 일어났다 사라질 뿐, 거기에 어떤 실체가 있는 것이 아니다."

이렇게 말씀하시면서 게송을 읊으셨다.

이 몸이 물거품과 같고
이 마음이 아지랑이 같음을 분명히 알아
욕망의 꽃을 꺾어 버리면
죽음의 왕도 볼 수 없는
평화의 세계로 건너가리라.　　　　　　　— 『법구경』

이 게송 끝에 비구는 즉시 아라한과를 성취하였다. 그는 부처님을 찾아뵙고, 부처님의 지혜와 덕을 높이 찬탄하였다.

아지랑이와 물거품은 고정된 실체가 없는 것이다. 변화하는 현상이 있을 뿐이다. 한마디로 아바타와 같은 것이다. 몸과 마음 또한 이와 마찬가지다. 이른바 부처님께서 아바타로 나타나 설법하시어 비구 아바타를 교화한 것이다.

스토커를 아바타로 교화하다

사왓티의 바라문이었던 왁깔리는 탁발하러 나온 부처님의 모습을 한 번 본 후로 자꾸만 부처님이 보고 싶어 미칠 것 같았다. 그는 마침내 출가하여 비구가 되었다. 하지만 경을 외우지도 않고 수행도 하지 않으며, 하루 종일 부처님을 바라보며 시간을 보냈다. 부처님께서는 이렇게 훈계하셨다.

"왁깔리여, 나의 무너져 가는 몸을 보아서 무슨 이익이 있겠느냐? 왁깔리여, 법을 보는 자가 나를 보고, 법을 보지 못하는 자는 나를 볼 수 없느니라."

이러한 훈계에도 불구하고 왁깔리 비구는 부처님에게서 눈을 뗄 수도 없었고, 부처님 곁을 떠날 수도 없었다. 이에 부처님께서는 라자가하로 가셨으며, 왁깔리에게는 다른 곳에서 안거를 보내라고 말씀하셨다.

왁깔리는 3개월 동안 부처님을 볼 수 없다고 생각하자, 슬픔이 몰려왔다. 마침내 자살을 결심하고 깃자구따산으로 올라갔다. 부처님께서는 이를 아시고 왁깔리 앞에 광명의 모습(아바타)을 나타내어 손을 뻗으며 말씀하셨다.

오라, 왁깔리여!
두려워 말고 나를 바라보아라.
수렁에 빠진 코끼리를 건져내듯이
내가 너를 건져주리라.

오라, 왁깔리여!
두려워 말고 나를 바라보아라.
아수라의 심연에서 태양을 구해내듯
내가 너를 구해주리라.

오라, 왁깔리여!
두려워 말고 나를 바라보아라.
아수라의 심연에서 달을 구해내듯
내가 너를 구해주리라.

이를 듣고 왁깔리는 공중으로 솟아올라 신통력을 갖춘 아라한이 되었다.
부처님께서 광명의 아바타를 보내어 스토커를 신심 제일의 제자로 만드신 것이다.

석가모니불도 아바타

타방 국토에서 온 여러 보살마하살이 『법화경』의 설법을 듣고 신심을 일으켰다. 그래서 석가모니 부처님께서 멸도하신 후에 사바세계에서 이 경을 널리 설하겠다고 하니, 부처님께서는 그럴 필요가 없다고 말씀하신다.

이런 말씀을 하실 때, 사바세계 삼천대천세계의 땅이 진동하면서 열리더니 한량없는 천만 억 보살마하살이 동시에 솟아올랐다. 이 보살들은 아득한 옛날부터 사바세계의 허공 가운데 머물러 있다가 석가모니 부처님께서 설법하시는 음성을 듣고 아래로부터 솟아 올라온 것이다.

이때, 석가모니 부처님의 분신[아바타]인 여러 부처님께서 한량없는 천만 억의 타방국토로부터 오시어 사자좌 위에 가부좌를 맺고 앉아계셨다. 그 시자들과 미륵보살이 앞서 솟아오른 한량없는 보살대중은 도대체 누구인지 궁금해 하였다. 그러자 세존께서 이 많은 대중이 모두 자신이 교화한 제자들이라고 말씀하셨다.

성도하신 지 사십 년밖에 되지 않은 부처님에게 어떻게 지금까지 보지도 듣지도 못한 이렇게 많은 제자들이 있을까, 의심이 생겨 미륵보살이 물었다.

"세존이시여, 이 일을 비유하면 얼굴이 아름답고 머리가 검은 스물다섯 살의 젊은이가 백 살 노인을 가리켜 '이 사람은 나의 아들이다.'라고 말하고, 그 백 살 노인도 젊은이를 가리켜 '저분은 나의 아버지요, 나를 낳아 길러 주셨다.'라고 하는 것과 같습니다. 이런 일을 세상에서 믿겠습니까?"

그러자 세존께서는 사십 년 전에 성불하신 것이 아니며, 이미 성불하신 지 백 천 만억 나유타 겁이 지났다고 말씀하신다. 그로부터 지금까지 항상 사바세계에 계시면서 중생에게 설법하여 교화하였고, 또 다른 백 천 만억 나유타 아승지의 나라에서도 중생들을 인도하여 이익되게 하였던 것이다.

한량없는 과거로부터 무한한 미래에 이르기까지 살아있지만, 이 중간에서 연등불이라고 하는 등 여러 가지 이름의 부처님으로 이 세상에 출현하셨다고 말씀하신다.

말하자면, 사십 년 전 성불하신 석가모니불은 아바타일 뿐이라고 하는 것이다. 모든 것은 태어나고 죽고 하여 변화하는 것처럼 보이나 그것은 오직 현상의 일에 불과하며 실상은 사라지지도 나타나지도 않는다. 모든 생명체는 그대로 살아있을 뿐, 이 세상에 있다든가 세상을 떠난다고 하는 것은 본래 없다. 결국 모든 존재는 아바타요, 삼계는 가상현실이라고 하는 것이다.

32종류의 아바타로 나타나는 관세음보살

관세음보살은 32종류의 아바타로 나타나 중생을 교화한다. 『법화경』「관세음보살보문품」에서 무진의보살이 관세음보살의 설법과 방편을 묻자, 부처님께서 말씀하신다.

선남자여, 어떤 나라 중생들을 부처의 몸으로 제도할 이에게는 관세음보살이 부처의 몸을 나타내어 설법한다.

벽지불의 몸으로 제도할 이에게는 벽지불의 몸뚱이를 나타내어 설법하며, 성문의 몸으로 제도할 이에게는 성문의 몸뚱이를 나타내어 설법한다.

범천왕의 몸으로 제도할 이에게는 범천왕의 몸뚱이를 나타내어 설법하며, 제석천의 몸으로 제도할 이에게는 제석천의 몸뚱이를 나타내어 설법한다.

자재천의 몸으로 제도할 이에게는 자재천의 몸뚱이를 나타내어 설법하며, 대자재천의 몸으로 제도할 이에게는 대자재천의 몸뚱이를 나타내어 설법한다.

천대장군의 몸으로 제도할 이에게는 천대장군의 몸뚱이를 나타내어 설법하며, 비사문천의 몸으로 제도할 이에게는 비사문천의 몸뚱이를 나타내어 설법한다.

소왕의 몸으로 제도할 이에게는 소왕의 몸뚱이를 나타내어 설법하며, 장자의 몸으로 제도할 이에게는 장자의 몸뚱이를 나타내어 설법하며, 거사의 몸으로 제도할 이에게는 거사의 몸뚱이를 나타내어 설법하며, 관리의 몸으로 제도할 이에게는 관리의 몸뚱이를 나타내어 설법한다.

바라문의 몸으로 제도할 이에게는 바라문의 몸뚱이를 나타내어 설법하며, 비구나 비구니, 우바새나 우바이의 몸으로 제도할 이에게는 비구나 비구니, 우바새나 우바이의 몸뚱이를 나타내어 설법한다.

장자·거사·관리나 바라문의 부인의 몸으로 제도할 이에게는 각각 부인의 몸뚱이를 나타내어 설법하며, 동남·동녀의 몸으로 제도할 이에게는 동남·동녀의 몸뚱이를 나타내어 설법한다.

하늘·용·야차·건달바·아수라·가루라·긴나라·마후라가, 그리고 인비인·집금강신의 몸으로 제도할 이에게는 각각의 몸을 나타내어 설법한다.

관세음보살은 부처·벽지불·성문 3·천신 6·인간 13·팔부신중 8·그리고 인비인과 집금강신까지 도합 32종류의 아바타[應化身]로 나타나 설법하는 것이다.

2장

아바타로 관찰하라

모든 존재는 텅 비어 있다

몇 년 전 영화 「아바타(Avata)」가 크게 흥행한 이후로 가상현실의 캐릭터와 관련된 영화가 다수 쏟아져 나오고 있다. '아바타'는 본래 영어가 아니라 인도 고전어인 산스끄리뜨어 '아바타라(avatāra)'에서 나온 말이다.

아바타의 본래 의미는 '하강 혹은 강림한 분신(分身)·화신(化身)'을 뜻한다. 현대에는 게임 속 가상현실에서 자신의 역할을 대행해 주는 캐릭터로 많이 쓰인다. 진짜 현실에서는 도저히 불가능한 임무까지도 거뜬히 완수해 내며 성취감·만족감을 안겨 주고 있다. 심지어 자신의 아바타가 죽거나 크게 다치더라도 진짜 현실에서의 나는 멀쩡하며, 또 다른 아바타를 창조할 수 있으니 얼마나 좋은가?

그런데 알고 보면 지금 이 몸과 마음이 '아바타'라는 것이 불교의 가르침이다. 삼신불(三身佛) 개념에 따르면, 이 몸은 화신(化身)이요, 이 마음은 보신(報身)이다. '참 나'는 법의 몸뚱이인 법신(法身)인 것이다. 다시 말해서 몸으로 나타나신 석가모니불, 그리고 광명이나 음성으로 나타나는 아미타불은 법신인 비로자나불의 '아바타'라고 하는 것이다. 부처님뿐만 아니라 인간의 몸과 마음도 마찬가지이다. 모든 존재는 텅 비어있다.

서울 같은 대도시 중심에 농구공만한 원자핵이 있고, 도시 외곽에 전자 하나가 홀로 외로이 날아다니고 있는 것이 원자의 모습이다. 우리의 몸도 원자로 되어있다. 따라서 우리 몸은 사실상 텅 비어있다. 다른 모든 물질도 마찬가지다. 재물에 욕심을 갖지 마시라. 모두 비어있는 것이다.

색즉시공(色卽是空) 공즉시색(空卽是色)
물질이 빈 것과 다르지 않고
빈 것이 물질과 다르지 아니하다.　　　-『김상욱의 양자공부』

이렇게 모든 존재가 텅 비어있다면, 어째서 꽉 찬 것으로 보이는 것일까? 가시광선이 튕겨 나오기 때문이다. 또한 모든 사물이 텅 비어있다면, 사물끼리 서로 통과할 수 없는 이유는 무엇일까? 각각의 전자들끼리 서로 밀어내기 때문이다.

그렇다면 전자는 입자인가, 파동인가? 이중슬릿실험의 결과, 전자는 입자인 동시에 파동이다. 그 자체로 '존재이면서 비존재'라고 하는 것이다.

이름이 있을 뿐, 실체가 없다

기상예보에서는 아직도 일출과 일몰 시간을 알려준다. 그러나 엄밀히 말하자면 해가 뜨고 지는 것이 아니라 지구가 돌고 있는 것이다. 우리가 보는 것은 착시요, 느끼는 것은 착각이다. 오로지 자신의 경험만 전적으로 믿고 고집해서는 안 된다. 그렇다면 무엇을 믿어야 할까? 선구적 과학자의 말을 믿어야 하고, 부처님 말씀을 믿어야 한다. 근세 최고의 과학자라 일컬어지는 아인슈타인은 말한다.

"미래의 고등종교는 우주적 종교일 것이다. 우주적 종교는 우주 종교적 감정에 바탕을 두고 있는 종교라는 뜻인데, 우주 종교적 감정이란 인간이 갖는 그릇된 욕망의 허망함을 깨닫고 정신과 물질 양쪽 측면에서 나타나는 질서의 신비와 장엄을 느끼는 것이다. 다윗을 비롯한 이스라엘 예언자들은 이 감정을 느끼고 있었고, 특별히 불교는 이 요소를 강하게 갖고 있다."
– 김성구 저, 『아인슈타인의 우주적 종교와 불교』

한마디로, 불교야말로 미래의 우주적 종교라고 하는 것이다. 그러므로 경전의 부처님 말씀을 믿어야 한다. 불교의 근본경전 인 『금강경』은 '공(空)'의 원초적 의미를 설하고 있다. 그것은 바로 'A는 A가 아니요(卽非), 그 이름이 A일 뿐(是名)!'이라고 하는 것이다.

'존재는 곧 존재가 아니요(~卽非~), 그 이름이 존재일 뿐(~是名~).'

이것이 바로 '공(空)'의 공식이다. 『금강경』에는 이러한 표현이 무려 24회나 반복되고 있다. 이 공식에 대입하면 모든 존재가 공해지니, 이야말로 공을 제련하는 '용광로'라고 말할 수 있다.

중생은 중생이 아니요, 그 이름이 중생일 뿐!
부처는 부처가 아니요, 그 이름이 부처일 뿐!
세계는 세계가 아니요, 그 이름이 세계일 뿐!
장엄은 장엄이 아니요, 그 이름이 장엄일 뿐!

한마디로 모든 존재는 유명무실(有名無實)한 것이다. 몸과 마음, 그리고 우리가 살고 있는 이 세상은 끊임없이 변화한다. 다만 이름이 있을 뿐, 고정된 실체는 없다.

나는 무엇? 여긴 무엇?

　근래에 인문학 동아리의 젊은 청년들이 소문을 듣고 종종 찾아오곤 한다. 인문학에 관심 있는 그들의 질문은 대부분 '나는 누구인가, 여긴 어디인가?'라는 데서 시작한다. 그런데 사실 이러한 질문은 첫 단추를 잘못 꿰었다고 말할 수 있다.

　'나는 누구인가?'라는 질문에는 이미 인간이라는 전제가 포함되어 있다. '인간 중 누구인가?'라고 하는 것이다. 또한 '여긴 어디인가?'라는 질문은 이미 지구, 혹은 우주라는 공간을 전제로 하고 있다. 지구 혹은 우주 안에서 '여기는 어디인가?'라는 것이다.

　그러므로 이러한 질문은 이미 근원적인 답변을 기대하기 어렵다. 인간과 우주에 대한 실체적 단정에 입각해 있기 때문이다. 나, 혹은 우주에 고정된 실체가 있을까? 결코 단정할 수 없다. 그러므로 '나는 누구인가? 여긴 어디인가?'라는 질문은 '나는 무엇인가? 여긴 무엇인가?' 하는 본질적 질문으로 바꾸어야 마땅하다.

　몸은 태어나서 늙고, 병들어서 죽는다. 마음은 생겨나서 머무르다 바뀌어서 사라진다. 우주는 홀연 형성되어 머무르다 무너져서 허공으로 돌아간다. 한마디로 모든 존재는 변하는 것이다. 고정된 실체는 없으며, 변화하는 현상이 있을 뿐이다.

인과 연으로 생겨난 존재를	因緣所生法
나는 곧 공(空)이라고 말한다.	我說卽是空
또한 이것은 낙네임이며,	亦爲是假名
또 이것이 중도의 뜻이다.	亦是中道義 -『중론』

모든 존재는 인과 연이 만나 이루어졌다. 고정된 실체가 없으며 변하는 현상이 있을 뿐! 그러므로 공(空)이며, 유명무실(有名無實)하며, 유무(有無)중도이다. 이를 한마디로 표현하면 '아바타'라 하며, 아바타가 머무는 이 공간은 '가상현실'이다.

몸도 아바타! 마음도 아바타!
아바타가 걸어간다. 아바타가 머무른다.
아바타가 앉아있다. 아바타가 누워있다.
아바타가 욕심낸다. 아바타가 화가 난다. 아바타가 근심 걱정한다.

이와 같이 관찰하면 몸과 마음에 대한 애착이 줄어들고, '나의 고통'이 서서히 '아바타의 고통'으로 치환된다.

살기가 편해졌어요

몸과 마음은 내가 아니다. 나의 아바타일 뿐!

탐내고 성내고 어리석은 마음을 '나의 마음'이 아닌 '아바타의 마음'으로 객관화시켜 바라다보면 조금씩 여유가 생긴다. 상황의 변화에 대하여 곧바로 반응하지 않고 침착하게 반응할 수 있는 것이다. 이렇게 꾸준히 연습하다 보면 순간의 감정에 휩쓸리지 않고 매사를 냉철하게 판단할 수 있게 된다. 지혜가 발생하는 것이다.

결국 몸도 아바타, 마음도 아바타, 나도 아바타, 너도 아바타, 우린 모두 '아바타'라고 관찰하는 것이 생활 속의 수행이다. '아바타'가 생로병사를 거듭하더라도 진짜 나는 아무 상관없다. 진짜 나인 관찰자는 불생불멸(不生不滅)·불구부정(不垢不淨)·부증불감(不增不減)이기 때문이다. 태어나거나 소멸하지도 않고, 더럽거나 깨끗하지도 않고, 늘거나 줄지도 않는다고 하는 것이다.

이렇게 보면, 늙어가도 괜찮다. 아바타니까! 병들어도 괜찮다. 아바타니까! 죽어가도 괜찮다. 아바타니까! 탐이 나도 별것 아니다. 아바타니까! 화가 나도 별것 아니다. 아바타니까! 불안

해도 별것 아니다. 아바타니까! 실패해도 괜찮다. 아바타니까! 성공해도 별것 아니다. 아바타니까!

최근 만난 어떤 분은 수십 년 동안 법문을 듣고 수행 정진하였지만 큰 진척이 없었는데, '몸과 마음은 아바타!'라는 말에 눈이 번쩍 뜨였다고 한다.

또 어떤 젊은이는 아바타 명상을 만나고 나서 '살기가 편해졌다'고 한다. 몸의 고통과 마음의 번뇌를 '내 것'이 아닌 '아바타의 것'으로 바라보니, 소소한 애착이 줄어들고 마음이 훨씬 가벼워졌다는 것이다.

> 몸은 내가 아니다. 나의 것이 아니다. 나의 자아가 아니다.
> 마음도 내가 아니다. 나의 것이 아니다. 나의 자아가 아니다.
> 이와 같이 관찰하라.
> 이와 같이 관찰하면 애착에서 벗어나고
> 애착에서 벗어나면 고통에서 해탈한다. ─『무아경』

몸과 마음은 내가 아니다. 나의 '아바타'일 뿐! 그러므로 '나의 고통'을 '아바타의 고통'으로 바꾸는 것이 고통에서 벗어나는 첫째 비결이다.

아바타가 화가 난다

얼마 전, 정부종합청사의 공무원들을 대상으로 법문을 한 적이 있다. 아바타 명상과 바라밀 명상, 그리고 아미타 명상에 대해 이론과 실습을 겸한 자리였다. 강연이 끝난 후, 한 젊은이가 잠시 남아있다 다가와 말했다.

"스님! 좀 전까지 골치가 무척 아팠는데, 스님 강연 듣고 골치 아픈 게 싹 사라져 버렸어요. 정말 감사합니다."

변호사였던 이 청년은 이른바 아바타 명상의 효능을 그 자리에서 단박에 체험한 것이다. 아바타 명상은 몸과 마음에서 일어나고 사라지는 현상을 아바타의 현상으로 바라보는 것이다. 그러면 몸의 고통은 아바타의 고통이요, 마음의 번뇌는 아바타의 번뇌가 된다. 고통과 번뇌가 더 이상 '내 것'이 아닌 것이다.

이를테면 애착하는 마음이 일어날 때, '아바타가 애착한다.'라고 관찰한다. 화가 날 때, '아바타가 화가 난다.'라고 관찰한다. 근심 걱정하는 마음이 올라올 때, '아바타가 근심 걱정한다.'라고 관찰한다. 이렇게 꾸준히 관찰하다 보면 조금씩 마음이 분리된다.

예컨대 운전을 하다 보면 갑자기 깜박이도 켜지 않고 끼어드는 차가 있다. 얼른 브레이크를 밟으면서 확 성질이 올라온다. 이때 얼른 '아바타가 화가 나는구나.'라고 세 번 이상 복창하면 점차로 누그러진다. 화는 아바타에게 맡겨버리고 나는 관찰자의 입장이 되기 때문이다.

고3인 아들이 공부는 안 하고 게임에만 몰두해 있어서 속이 터지는 분이 있었다. 타일러도 보고 야단도 쳐봤지만 그때뿐이었다. 어느 날 아바타 명상이 떠올랐다. '아바타가 화가 난다. 아바타 어미가 아바타 아들에게 성질을 내려고 하는구나.'라고 연습하다 보니, 미움도 수그러들고 여유가 좀 생겼다.

마침내 "그래, 밖에서 사고치고 다니는 애들도 많던데 그것보단 낫겠지." 이런 여유까지 생기게 되니 게임하고 있는 아들에게 물도 떠다 주고, 과일도 깎아줄 수 있게 되었다. 그러자 아들도 서서히 바뀌기 시작하더니 석 달 만에 스스로 찾아와 이렇게 말했다.

"엄마! 나 이제 공부 좀 해야 할 것 같아."

그 후로 열심히 공부해서 원하는 대학에 진학했다고 한다.

아바타가 아바타를 애착하는구나

　수행하면서 가장 끊기 힘든 것이 애욕이다. 오죽하면 부처님께서도 '이와 같은 것이 하나뿐이기에 망정이지, 하나만 더 있었더라면 아무도 해탈할 자가 없을 것'이라고 말씀하셨을까? 하지만 애욕 다루기 또한 아바타 명상이 매우 효과적이다.

　이성에 대한 애착이 일어날 때면 얼른 '이 아바타가 저 아바타를 애착하는구나.'라고 관찰한다. 그래도 여전히 애착하면 좀 더 자세히 관찰한다.

　"저 아바타의 눈에는 눈곱, 귀에는 귀지, 코에는 코딱지, 혀에는 침과 가래, 몸에는 똥과 오줌, 뜻에는 온갖 욕심이 가득 차 있다. 무엇을 애착할 것인가?"

　사실 지상의 미녀는 아무리 예쁘다 해도 모두 뱃속에 똥오줌이 가득 차 있다. 부처님께서는 최고의 미녀인 마간디야를 보고 이렇게 게송을 읊으셨다.

마왕의 딸 '갈애' '혐오' '애욕'이라는 이름의
선녀처럼 아름다운 세 여인을 보고도
사랑하고픈 마음이 없었는데
오줌과 똥으로 가득 찬 마간디야를 왜 원하겠는가?
그 더러운 몸에 발바닥조차 닿지 않게 하리라.

- 『법구경 이야기』

이 게송을 듣고 마간디야의 부모는 모두 아나함과를 얻었다.

또한 부처님의 이복동생 난타는 출가하기 전, 이미 절세 미녀
와 약혼한 사이였다. 그러나 부처님께서 그에게 발우를 들려 절
에 따라오게 되어 본의 아니게 출가하게 되었다. 그러니 자나 깨
나 절세 미녀가 생각나 공부가 제대로 될 리 없었다.

어느 날 부처님께서 난타를 숲으로 데려가 화상 입은 암컷 원
숭이를 보여주었다. 곧이어 천상에 올라 오백 명의 아름다운
천녀들을 보여주며, "누가 더 예쁘냐?"라고 물으셨다. 이에 난
타는 "천녀들을 보고 나니, 저의 약혼녀는 마치 원숭이와 다름
없네요."라고 답하였다.
그러자 부처님께서 말씀하셨다.
"기뻐하라, 난타여! 네가 열심히 수행하여 깨달음을 얻는
다면 오백 명의 아름다운 천녀들을 얻게 된다는 것을 내가

보증하노라."

이에 난타는 열심히 정진하여 마침내 아라한이 되었으며, 부처님께 말씀드렸다.

"부처님이시여, 예전에 저에게 수행을 완성하면 오백 명의 아름다운 천녀를 얻게 된다고 보증하신 그 약속을 철회하여 드립니다."

아라한과를 얻으면 내가 없어지기에 애욕 또한 사라져버리는 것이다.

아바타의 선용(善用)

몸과 마음이 실체가 없는 아바타라고 하니, 어떤 이가 물었다.

"그럼 너무 허무한 거 아닌가요?"

지금까지 이 몸과 마음이 '나'라고 굳게 믿고 살아왔는데, 갑자기 '아바타'라니 그럴 만도 하다. 한편으로는 어차피 아바타라면 막 살아도 상관없는 거 아니냐고 생각할 수도 있다. 하지만 아바타라 해도 실체가 없을 뿐이지, 엄연히 현상은 있음을 간과해서는 안 된다. 예컨대, 꿈은 실체가 없지만, 엄연히 악몽과 길몽이 있다. 현실이 아닌 꿈속의 일인데도, 악몽을 꾸고 나면 왠지 기분이 찝찝해지고, 길몽을 꾸면 기분이 좋아진다. 실체는 없지만 현상이 있어서 작용을 하기 때문이다.

몸과 마음도 마찬가지다. 아무리 실체가 없는 아바타라 해도 현상은 있다. 그래서 육도 윤회하는 것도 아바타다. 아바타를 선용하면 삼선도에 태어나고, 악용하면 삼악도에 태어난다. 탐욕과 성냄, 그리고 어리석음에 입각한 삶은 악용이다. 보시·지계·인욕·정진·선정·지혜에 입각한 삶은 선용이다. 선용하면 공덕 마일리지가 쌓인다. 그래서 더 나은 아바타를 받게 된다.

아바타에도 등급이 있는 것이다. 최상은 자유 아바타(free avatar)다. 완전히 자유로운 진공(眞空)묘유(妙有)의 몸으로서 시공을 초월한 불보살의 경지다. 다음은 제한적 자유 아바타(limited free avatar)다. 완전히 자유로운 아바타와 비교하면 다소 제한은 있지만, 여전히 투명하게 청정한 성품의 몸으로서 극락 중생의 경지다. 사바세계는 정신인 분별덩어리 아바타(discriminating avatar)와 육신인 살덩어리 아바타(flesh avatar)의 혼합으로 이루어져 있다. 신과 인간, 그리고 축생과 지옥중생의 경지다.

몸도 아바타요, 마음도 아바타다. 당연히 몸으로 나타난 화신불(化身佛)과 음성으로 나타난 보신불(報身佛)도 아바타다. 몸과 마음을 무시하거나 애착하지 않고 잘 활용해야 하는 것처럼 화신불과 보신불도 잘 활용해야 한다. 부처님에게 무조건 매달리거나 완전히 무시하는 것은 모두 선용(善用)이 아니다.

'나도 아바타·부처님도 아바타'인 줄 알면서, 아바타로 아바타를 다스리는 것이 진정한 선용이다. 부처님께서도 선용하기를 원하신다. 아미타불의 전신인 법장비구는 심지어 선용되지 않으면 아예 부처가 되지 않겠다고 발원하고 있다.

"제가 부처가 될 때에 시방의 중생 중에 보리심을 발하여 공덕을 쌓고 지극한 마음으로 저의 국토에 태어나고자 하는 이가 임종할 때, 제가 대중들과 함께 가서 그 사람 앞에 나타나지 못한다면 저는 부처가 되지 않겠습니다."

모든 아바타가 행복하기를!

실상무상(實相無相)에 입각한 자애삼매는 최상의 깨달음에 이르는 지름길이다.

자애삼매를 닦기 위해서는, 처음에는 자기 자신부터 시작한다. 자신이 가장 행복했던 순간을 떠올린다. 눈을 감고 떠올린 자기 모습을 향해 반복한다.

"내가 어려움(고통, 번민)에서 벗어나기를!
내가 건강하고 행복하기를!"

다음에, 존경하거나 좋아하는 사람이 가장 행복했을 때를 기억해서 그 이미지를 선택한다. 그리고 그 이미지를 전면 1미터 앞에 나타나게 한다. 그 사람이 전면에 분명히 보일 때, 다음과 같이 그 사람을 향해서 자애심을 닦는다.

"그가 어려움(고통, 번민)에서 벗어나기를!
그가 건강하고 행복하기를!"

이런 식으로 계속 자애심을 닦으면서 중립적인 사람, 미워하는 사람들로 영역을 확장해 나간다. 경계 허물기를 연습한다.

"모든 남성(여성, 동물, 존재)들이 건강하고 행복하기를!"
"지금 이 자리(서울, 지구, 우주)에 있는 모든 사람들이 건강하고 행복하기를!"

이상의 내용을 한마디로 이르면 다음과 같다.

"이 세상의 모든 아바타가 행복하기를!"

자애 수행을 닦으면 열한 가지 이익이 기대된다. 편안하게 잠들고, 편안하게 깨어나고, 악몽을 꾸지 않고, 사람들이 좋아하고, 인간 아닌 자들도 좋아하고, 신들이 보호하고, 불이나 독이나 무기가 영향을 미치지 못하고, 마음이 쉽게 삼매에 들고, 얼굴빛이 밝고, 혼란 없이 죽고, 범천에 태어난다.

부분 해탈 연습

이스라엘의 저명한 역사학자인 유발 하라리는 작년에 한 TV
의 신년 토크에서 다음과 같은 말을 했다.

"내가 역사를 연구하는 이유는 역사로부터 배움을 얻고자 함
이 아니라, 역사에서 벗어나고자 함이다. 그래서 나는 또한 명
상을 한다."

참 대단하다는 생각을 하면서 이런 말이 무심코 튀어나왔다.
"우와, 방향은 제대로 잡았구나. 다만 아바타 명상을 만나야
될 텐데…."

인생의 목적 또한 이와 마찬가지다. 인생의 목적은 다만 삶에
서 교훈을 얻고자 함이 아니라, 삶에서 해탈(解脫)하고자 함이다.

해탈이라 하면, 일반인과 무관한 것으로서 수행자만의 영역
으로 생각하기 쉽다. 하지만 해탈은 그리 어려운 것만은 아니다.
해탈의 의미는 '풀 해(解)·벗을 탈(脫)' 말 그대로 속박을 풀고 벗
어나는 것을 의미한다.

예컨대 담배를 피던 사람이 담배를 끊으면 담배로부터 해탈한 것이다. 술이 없으면 못 살던 사람이 술 없이 살 수 있게 되었다면 술로부터 해탈한 것이다. '그대 없이는 못 살아!' 하던 사람이 '그대' 없이도 잘 살 수 있게 되었다면 '그대'로부터 해탈한 것이다.

이렇듯 부분 해탈도 있지만, 궁극적인 해탈은 모든 고통으로부터 해탈하는 것이다. 정말 피하고 싶지만 아무도 피할 수 없는 근본적인 고통이 있다. 늙고 병들고 죽는 것이다. 노·병·사의 고통에서 벗어나려면 먼저 그 원인을 정확히 파악해야 한다. 예컨대 병고(病苦)에서 벗어나려면 병고의 원인을 알아야 하는 것과 마찬가지다.

인류의 역사상 가장 큰 팬데믹은 중세 유럽의 페스트였다. 14세기 유럽 인구의 삼분의 일이나 사망한 무시무시한 전염병 앞에서 성직자들도 피난길에 올라 무기력한 종교의 모습을 노출시키며 권위가 상실되었다. 특히 장례 의식을 담당해야 할 사제들의 잇따른 사망은 신에 의지하고자 했던 사람들을 더욱 실망시켰다고 한다.

이로 인해 사람들은 전염병의 원인이 '신의 형벌' 때문이 아니며, '세균' 때문이라는 걸 알게 되었다. 병이 들면 무조건 교회에 가서 회개하고 치유를 신에게 기도할 것이 아니라, 병원에 가서 원인에 합당한 치료를 받아야 함을 깨닫게 된 것이다. 이처럼 진실한 원인을 파악하는 것이 무엇보다 중요하다.

나의 고통을 아바타의 고통으로

　이제 인류는 페스트 팬데믹에서 한발 더 나아가 코로나 팬데믹을 통해 세균이나 바이러스는 병고의 객관적 원인[緣]이며, 주관적 원인[因]은 '나'라는 것을 깨우칠 기회가 왔다. 인(因)은 주관적 원인이요, 연(緣)은 객관적 원인이다. 인과 연이 만나 결과가 이루어진다. 결국 인×연＝과(果)인 것이다.

　'나'는 인(因)이요, '바이러스'는 연(緣)이다. 나와 바이러스가 만나 병고(病苦)를 초래한다. 그런데 바이러스가 영(0)이 되기를 기대할 수는 없다. 거리 두기와 마스크 쓰기, 그리고 손 씻기와 같은 위생 수칙을 준수하여 최소한으로 줄일 수는 있겠지만, 완전히 없애기는 어렵다. 또한 얼마든지 제2·제3의 바이러스가 나타날 수도 있다. 결국 연(緣)을 다루는 것은 한계가 있다. 모든 병고에서 벗어나려면, 인(因)이 공(0)이 되는 수밖에 없다. 공(0)에 어떤 수를 곱해도 결과는 공(0)이기 때문이다.

　그렇다면 산 채로 몸과 마음을 공(0)으로 만드는 비결은 무엇일까? 그것은 바로 '아바타(Avatar) 명상'이다. 몰려오는 고통을 아바타의 것으로 치환하면 '나의 고통'이 '아바타의 고통'으로 치환된다. 구체적으로, 자신의 몸과 마음을 거울 보듯 영화 보듯 강 건너 불구경하듯 대면해서 관찰하되, 닉네임을 붙여서 한다.

아바타가 걸어간다. 아바타가 머무른다. 아바타가 앉아 있다. 아바타가 누워 있다.
아바타가 애착한다. 아바타가 화가 난다. 아바타가 근심 걱정 한다.
아바타가 늙어간다. 아바타가 아파한다. 아바타가 죽어간다.

이렇게 모든 현상을 아바타의 것으로 관찰하다 보면, 탐욕과 성냄과 어리석음에서 점차 분리된다. 매사를 관찰자의 입장에서 바라볼 수 있게 된다. 관찰자 효과를 체험하게 된다.
또한 아는 만큼 전하고 가진 만큼 베풀다 보면, 전할수록 알 게 되고 베풀수록 갖게 된다. 이것이 부처가 되고 부자가 되는 비결이다. 베풂 자체가 스스로 충만함을 확인하는 것이기 때문 이다. 삶이 부드럽고 풍족해진다.

마음이 편해지려면

부처님의 시자였던 아난존자는 용모가 수려했다. 몸매 또한 뛰어나 특별히 양쪽 어깨를 모두 가리는 통견가사를 입을 정도였다. 어느 날 홀로 탁발을 갔다 돌아오는 길에 우물가에서 젊은 여인을 만나게 되었는데, 이 여인이 아난을 보고 반해버려 어머니를 졸라댔다.

그녀의 어머니는 주술에 능한 사람이어서 마침내 아난에게 주술을 걸어 자신의 집으로 오도록 유혹했다. 이를 미리 감지한 부처님께서는 문수보살에게 「능엄주」를 알려주어 그녀의 술법을 풀고 아난을 부처님 앞으로 데려오도록 한다.

부처님께서는 아난에게 마음의 소재를 물었다. 마음으로 홀려 주술에 걸렸으니, 마음의 실체를 파악해야 했던 것이다. 그리하여 몸 속·몸 밖·중간 등등 일곱 곳을 찾아보았으나, 어디에도 마음은 없었다. 도대체 어찌된 일일까?

선종의 제2조 혜가 대사는 초조 달마 대사를 찾아가 법을 물었다.

"불법의 근본 도리[法印]를 들려주십시오."

"불법의 근본 도리는 남에게 들을 수 있는 것이 아니니라."

"제 마음이 편치 않으니, 스님께서 편안하게 해 주소서."

"마음을 가져오너라. 편안케 해 주리라."

"마음을 찾아보아도 끝내 얻을 수가 없습니다."

"그대의 마음을 편안하게 해 주었느니라."

이것이 안심(安心) 법문이다. 마음은 본래 실체가 없다. 다만 현상이 있을 뿐이다. 잡으려 해도 잡을 수 없고 내놓으려 해도 내놓을 수 없는, 꿈과 같고 아바타와 같은 것이건만 허상에 사로잡혀 실상을 보지 못한다. 이 세상 또한 마찬가지다. 이 세상은 마치 허공의 꽃[空華]과 같고 바다의 물거품[浮漚]과 같다. 『능엄경』에서 부처님께서 설하신다.

"허공이 너의 마음속에서 생기는 것은 마치 한 조각 구름이 맑은 하늘에서 생기는 것과 같다. 하물며 허공 속에 있는 세계이겠느냐?"

허공조차 마음에서 생겼는데, 허공속의 세상이야 말할 것 있으랴? 사바세계와 마찬가지로 극락세계 또한 가상현실로 존재하는 것. 사바세계도 극락세계도 우리 마음도 다 아바타[幻]일 뿐…

세상은 허공의 꽃

부처님의 원만한 깨달음을 나타낸 『원각경』에서는 몸과 마음은 아바타[幻]요, 온 세상은 허공의 꽃[空華]이라 설한다. 세존께서 보안보살에게 게송으로 말씀하신다.

보안이여, 마땅히 알라.
시방세계 모든 중생의 몸과 마음은 모두 아바타[幻]이니
몸뚱이는 지·수·화·풍 네 요소로 이루어지고
마음은 색·성·향·미·촉·법 여섯 티끌로 돌아간다.
네 요소가 뿔뿔이 흩어지면 과연 뭉친 자가 누구인가?

이와 같이 차례로 닦아나가면
모든 것이 두루 청정하여서
여여 부동함이 진리의 세계에 두루하리라.
일으키고 멈추고 맡기고 멸할 것 없고, 또한 증득할 이도 없으니
일체의 부처님 세계는 허공의 꽃[空華]과 같으며
삼세가 모두 평등하여 마침내 오고 감도 없느니라.

처음으로 마음 낸 보살이나 말세의 모든 중생들이
불도에 들고자 한다면 응당 이와 같이 닦고 익힐지어다.

몸뚱이는 4대[지·수·화·풍]의 합성으로 이루어져 있다. 사람
이 죽어서 이 네 요소가 흩어져 버리면 '내 몸'은 어디에 있을까?
마음 또한 6근[눈·귀·코·혀·몸·뜻]이 6진[색·성·향·미·촉·
법]과 만나서 일어나는 일시적 현상일 뿐이다. 4대와 6진이 흩어
져 버리면 '내 마음'이 어디에 있겠는가?
원각(圓覺)인 청정한 성품이 몸과 마음으로 나타나서 종류를
따라 각각 응하는 것이다. 어리석은 사람들은 청정한 원각에 실
제로 몸과 마음이 있는 줄 알지만, 마치 깨끗한 마니보주에 오색
이 비치면 그 빛깔에 따라 각기 달리 나타나는 허상과 같다.
세상은 허공의 꽃이다. 허공의 꽃이란, 눈이 피곤해 비볐을
때 일시적으로 허공에 무언가 있는 것처럼 보였다가 이내 사라
지는 현상을 말한다. 끝이 없는 허공도 원각에서 나타난 것인데,
허공 속의 세상이야 말할 나위 있으랴?

이 세상은 가상현실

세계적인 대부호이자 스페이스X의 CEO인 일론 머스크는 이 세상이 시뮬레이션(모의실험)일 확률이 99.9999%라고 말했다. 이 세상이 가상현실이 아닐 확률이 10억분의 1이라는 것이다. 또한 이스라엘의 역사학자인 유발 하라리는 그의 저서 『사피엔스』에서 말한다.

"사피엔스는 픽션[가상의 실재]을 창조하는 능력 덕분에 점점 더 복잡한 게임을 만들었고, 이 게임은 세대를 거듭하면서 더 더욱 발전하고 정교해진다."

가령 가상현실 게임 속에서 또 게임을 만들고, 그 속에서 다시 게임을 만들다 보면, 나중에는 이것이 게임인지 현실인지 구분이 가지 않을 것이다. 그렇다면 이 세상이 게임이 아니라는 보장이 있을까? 우리의 눈에 보이고 귀에 들리는 것이 과연 진실일까?

인류는 오랫동안 하늘이 지구를 중심으로 돌고 있다는 천동설을 믿어왔다. 하지만 그것은 착시현상이었다. 알고 보면 태양이 지구 주위를 도는 것이 아니라, 지구가 태양 주위를 순환하고 있는 것이다. 그럼에도 여전히 아침에는 태양이 뜨고 저녁에는 태양은 지는 것으로 보인다. 그것은 순전히 지구에 사는 생명체의 입장에서 보는 착시요, 착각일 뿐이다.

태양계 밖에서 보면, 태양의 주위를 지구가 돌고 있다. 지구의 자전 속도는 시속 1,337km(초속 371km)이며, 공전 속도는 시속 107,160km(초속 30km)라고 한다. 쉽게 말해서 총알보다 더 빠르게 자전하면서, 태풍처럼 빠른 속도로 공전하고 있는 것이다.

지구가 이렇게 빠른 속도로 움직인다면, 그 소리나 진동이 어마어마할 것이다. 하지만 지구에 있는 그 누구도 이를 보고 듣거나 느끼지 못한다. 인간이 감지할 수 있는 범위를 벗어나 있기 때문이다.

사실 지금까지 태양계 밖으로 나가서 직접 지구를 본 사람은 아무도 없다. 우주선 보이저 2호가 찍어서 전송한 사진이 있을 뿐이다. 천체 물리학자인 칼 세이건은 여기에 '창백한 푸른 점(Pale Blue Dot)'이라는 이름을 붙였다. 아직도 그 끝을 알 수 없는 대우주에서 지구는 셀 수 없이 많은 별들 가운데 하나일 뿐이다.

칼 세이건은 강조해 말한다.

"우주는 인간을 위해 만들어지지 않았다."

3장

사바세계는 윤회게임 가상현실

내생을 믿나요?

최근에 몇몇 지인들을 만나 내생에 대해 물었다. "사람이 죽고 난 후에 과연 내생이 있을까요?" 돌아온 답변은 대부분 내생을 믿지 않는다는 것이었다. 죽으면 아무것도 없다거나, 혹은 사후세계에 대해 진지하게 생각조차 해보지 않은 이들이 다수였다.

과연 육신이 사라진다고 정신도 사라질까? 예컨대 컴퓨터 하드웨어를 바꾸어도 소프트웨어는 그대로다. 이와 마찬가지로 하드웨어인 육신은 사라져도 소프트웨어인 정신은 그대로 남는다. 마치 휴대폰을 바꾸어도 저장 정보는 그대로인 것과 마찬가지다.

또한 긴가민가하여 내생이 있을 수도 있고 없을 수도 있다고 생각하더라도 일단 대비를 해두는 것이 좋지 않을까? 질병이나 재해를 대비한 보험을 들고자 할 때, 반드시 중대한 질병이나 재해가 올 것이라 확신해서 드는 것은 아니다. 올 수도 있고 안 올 수도 있지만, 혹시 올 경우를 대비하는 것이다.

당신은 알고 있는가? 죽으면 가야 할 저세상이 어딘지, 얼마나 걸리는지, 언제 돌아올 수 있는지?

우리는 윤회게임 중

어느 남자의 집에 아름답기 짝이 없는 한 여인이 찾아왔다.

"그대는 누구십니까?"

"저는 공덕천이라 합니다."

"무엇을 하는 분입니까?"

"제게는 묘한 재주가 있습니다. 저를 보는 사람은 기분이 저절로 좋아지고, 재물이 모이고 수명이 늘어나며 재수대통하게 됩니다. 들어가도 될까요?"

"물론이지요."

다시 조금 있다 노크 소리가 들려 나가보니, 앞의 공덕천과는 정반대로 추하기 짝이 없는 여인이 찾아왔다.

"당신은 누구십니까?"

"저는 흑암녀라 합니다."

"무엇을 하는 분입니까?"

"저 또한 묘한 재주가 있습니다. 저를 보는 사람은 기분이 좋다가도 나빠지고, 부유한 자가 가난해지고, 수명이 줄어들며, 하는 일마다 재수가 없어집니다. 들어가도 될까요?"

사나이가 기겁을 하며 쫓아내려 하자, 그녀가 말했다.

"앞서 들어간 공덕천은 저의 언니입니다. 저희는 쌍둥이 자매로서 항상 함께 다녀야 합니다. 저를 쫓으려면 언니도 함께 쫓아야 합니다."

당신이라면 어찌할 것인가? 함께 받아들일 것인가? 함께 내쫓을 것인가?

함께 받아들이면 고와 낙을 거듭하는 윤회게임이 시작될 것이요, 둘 다 쫓아내 버리면 고와 낙을 초월한 해탈게임이 시작될 것이다. 당신이 사바세계에 살고 있다면, 이미 윤회게임 속에 들어와 있는 것이다.

삼일 동안 닦은 마음은 천년의 보배요,
백 년 동안 탐한 몸은 하루아침 티끌이네.
이 몸뚱이 금생에 닦지 않는다면
다시 어느 생을 기다려 닦을 것인가?

무아와 윤회

부처님께서 어느 날 숲에서 기생을 찾아다니는 삼십 명의 젊은 이들을 만났다. 그들은 재물을 훔쳐 달아난 기생을 찾다가, 부처님께서 나무 밑에 앉아계신 것을 보고 여인에 대해 물었다. 이에 부처님께서 말씀하셨다.

"젊은이들이여, 어떻게 생각하는가? 여인을 찾는 것과 그대 자신을 찾는 것 중 어떤 것이 더 중요한가?"

"자신을 찾는 것이 더 중요합니다."

"그렇다면 앉아라. 내 그대들에게 법을 가르쳐 주겠다."

법문을 들은 젊은이들은 출가할 마음이 일어나 비구가 되었고, 오랫동안 숲에서만 살며 수행하였다. 다시 부처님께서는 그들에게 '윤회의 시작은 알 수 없음'에 대해 법문하셨다.

"윤회의 시작은 알 수 없다. 무명에 덮이고 갈애에 속박된 중생들은 끝없이 윤회하므로 그 시작을 알 수 없다. 비구들이여, 어떻게 생각하는가? 그대들이 오랜 세월 윤회하면서 목이 잘려 흘린 피와 사대양의 물 가운데 어느 쪽이 더 많겠는가? 비구들이여, 그대들이 오랜 세월 윤회하면서 목이 잘려 흘린 피가 사대양의 물보다 훨씬 많다. 비구들이여, 이제 그대들은 모든 조건 지어진 것에서 혐오하여 떠나기에 충분하고, 초연하기에 충분하며, 해탈하기에 충분하다.”

그들은 이 법문을 듣고 앉은자리에서 아라한이 되었다.

해탈한 아라한은 다시 태어나지 않는 불생(不生)의 경지다. 중생은 수없이 윤회를 반복한다. 오랜 세월 윤회하면서 목이 잘려 흘린 피가 사대양의 물보다 훨씬 많다고 하니, 이제 그만 해탈할 때도 되지 않았을까?

어떤 이는 말한다. 불교의 핵심은 무아설(無我說)인데, 도대체 누가 윤회하느냐고?

무아는 아라한의 경지다. 중생은 아직 유아(有我)이기에 끊임없이 윤회한다. 수다원과를 얻으면 인간과 천상을 일곱 번 왕래한다. 사다함은 한번 왕래한다. 아나함은 천상에 태어나 다시 돌아오지 않는다. 아라한은 다시 태어나지 않는다. 하지만 보살은 수없이 다시 태어난다. 중생처럼 업(業)으로 태어나는 업생(業生)이 아니라, 자발적으로 원해서 태어나는 원생(願生)인 것이다.

유아를 무아로 만드는 비법은 몸과 마음을 아바타로 관찰하는 것이다. 그전에 꼭 아라한과를 얻어야 할 필요는 없다. 마치 휴대폰의 소프트웨어를 알고 나서 사용할 필요가 없는 것과 마찬가지다. 바로 지금 여기서 일단 활용하면서 차차 알아 가면 된다.

윤회와 해탈

윤회와 해탈은 불교의 양대 축(軸)이다. 중생은 내가 있어[有我] 윤회게임에 몰두하고, 보살은 내가 없어[無我] 해탈게임을 즐길 뿐이다.

미국 버지니아대학교 의대 인지연구소장인 이안 스티븐슨 (1918~2007) 교수는 무려 40여 년간 3천 명가량의 아이들을 대상으로 환생에 관해 추적 조사하였다. 그리하여 전생의 사례라 믿을 수 있는 세 가지 경우를 찾아냈다.

첫째, 전생에 관해 검증 가능한 정보를 기억해 내는 것

둘째, 과거 생의 장소나 사람들에 대하여 정확히 말하는 것

셋째, 배운 적 없는 외국어를 말하거나 악기를 연주하는 것 등

골란고원에서 태어난 알레포는 세 살 때부터 자신이 전생에 하페르라는 청년이었다고 말했다. 이웃 마을의 아흐메드라는 사람이 흉기로 머리를 내리친 뒤, 시신을 땅에 묻었다는 것이다. 조사해 보니 진짜 그 마을에 아흐메드라는 사람이 살고 있었

다. 소년은 심지어 4년 전 실종된 하페르의 백골이 묻힌 위치까지 정확히 찾아냈다. 결국 범인은 죄를 자백했으며, 이로써 미궁에 빠진 사건이 해결되었다.

미국의 한 가정에서 두 남매가 교통사고로 죽었다. 얼마 후 그 집에 쌍둥이 자매가 태어났다. 이 아이들은 과거 생에 갖고 놀던 여러 인형들의 이름을 정확히 알아맞혔다. 심지어 처음으로 방문한 장소에서 자신들이 과거에 다니던 학교와 놀이터 등을 소상히 기억해 내었다고 한다.

2006년, 영국의 캐머런이라는 소년이 스코틀랜드의 바라섬을 최초로 방문하였다. 그 소년은 글래스고에 태어나서 살고 있었는데, 바라섬에서 무려 257km나 떨어진 곳이었다. 그 소년은 줄곧 자신이 전생에 바라섬의 하얀 집에서 살았다고 말했다. 심지어 그 집에는 화장실이 세 개 있으며, 침실 창문으로 비행기가 이착륙하는 모습이 보이고, 정원에는 비밀통로가 있다는 상세한 내용까지 덧붙여 말했다. 결국 소년의 부모가 환생 전문가와 함께 그 섬을 처음으로 방문했으며, 소년의 말은 모두 사실로 확인되었다.

중국 후난성에는 집단적으로 환생을 주장하는 핑양상 마을이 있다. 무려 110여 명이나 되는 사람들이 스스로 재래인(再來

人)이라 칭한다. 예컨대 8세인 우모 군은 자신이 전생에 외할
아버지가 기르던 돼지였으며, 이웃의 도축업자인 룽 씨가 자
신을 죽였다고 했다. 실제로 룽 씨는 그 집의 돼지를 잡은 적이
있었다. 그밖에도 수많은 사례가 있어 중국사회과학원에서 공
식 조사한 결과, 모두 거짓이 아님이 밝혀졌다.

윤회게임의 기본 법칙: 인과응보

사바세계는 윤회게임 가상현실이다. 게임에도 법칙이 있다. 윤회게임은 인과응보(因果應報)의 법칙으로 돌아간다. 인과법(因果法)이라는 기본 틀이 있어야 지속적인 윤회게임이 가능하기 때문이다. 잘 살고 못 사는 것은 스스로 지어서 스스로 받는 자작(自作) 자수(自受)요, 모든 현상에는 원인과 결과가 있다.

사리자는 출가 이전 다른 종교의 수행자였다. 어느 날 그는 앗싸지 존자가 걸어가는 모습을 보고 범상치 않음을 느껴 따라가 물었다.
"당신의 스승은 누구이며, 무엇을 설하십니까?"
그러자 앗싸지 존자는 답한다.
"저의 스승은 샤카무니 붓다이십니다. 그분은 이렇게 설하십니다."

모든 현상에는 원인이 있다네.
여래께서는 그 원인에 대해 설하신다네.

원인이 소멸한 결과에 대해서도
여래께서는 또한 설하신다네.

이 말을 듣고 출가한 사리자는 3주 만에 아라한과를 얻었다.
실로 원인이 없는 결과는 없다. 그러므로 결과를 바꾸려면 원
인을 바꾸어야 한다. 이것이 인과법이다.

사실 한 생만 놓고 보자면 인과법을 믿기 어렵다. 아무 잘못
도 없는 어린아이들이 무더기로 참변을 당하기도 하고, 무지막
지하게 나쁜 놈들이 여전히 잘살기도 하기 때문이다. 그러므로
인과는 반드시 과거·현재·미래의 삼생(三生)을 놓고 보아야 한
다. 부처님께서는 삼세(三世) 인과(因果)를 설하셨다.

전생의 일을 알고 싶은가?
금생의 모습을 보라.
내생의 일을 알고 싶은가?
금생의 행위를 보라.   —『삼세인과경』

금생의 모습은 전생의 행위의 결과이며, 금생의 행위는 내생
의 모습을 결정한다. 어떻게 살아야 할지 분명해지지 않는가?
전생과 금생, 그리고 내생에 걸쳐 이루어지는 삼세인과를 믿는
것이 진정 인과를 믿는 것이다.

콩 심은 데 콩 나고, 팥 심은 데 팥 난다

신라시대 경주 모량리에 경조라는 한 가난한 여인이 아들과 함께 살고 있었다. 그녀의 아들 대성은 부잣집에 가서 품팔이를 하며 끼니를 이어가고 있었다. 어느 날 탁발 나온 스님이 불사에 시주하면 만 배로 돌려받을 수 있다고 하는 말을 엿듣고, 자신이 몇 해 동안 품을 팔아서 얻은 밭을 몽땅 시주했다.

그리고 며칠 후에 시름시름 앓다가 죽어버렸다. 그날 밤 재상 김문량의 집에 큰 별이 떨어지며 "모량리 대성이라는 아이가 네 집에 환생하리라."라는 소리가 들렸다. 그 소리를 식구들이 모두 들었다. 그로부터 10개월 후 아들을 낳았는데, 아기의 손바닥에 '대성'이라 새겨져 있었다.

김대성의 환생 이야기는 『삼국유사』에 기록되어 있다. 김대성은 전생에 밭을 시주한 공덕으로 내생에 큰 부자가 되어 금생과 전생 부모님의 극락왕생을 위하여 불국사와 석굴암을 창건했다.

이것이 삼세에 걸친 인과응보다. 금생만 놓고 보면 절대 이해할 수 없을 것이다. 불사에 자신이 가진 전 재산을 시주했는데 갑자기 죽어버리다니? 금생만 놓고 보면 재앙이다. 부모 입장에서 보면, 자식이 큰 복을 지었는데 하루아침에 죽었으니 앞산이 무너지는 슬픔에 부처님을 크게 원망할 수도 있는 일이다. 하지만 삼세인과를 믿는다면, 이것은 축복이다. 생과 사는 그 자체로 축복도 재앙도 아니다. 선행을 쌓으면 둘 다 축복이요, 악행을 지으면 모두 다 재앙이다.

콩 심은 데 콩 나고, 팥 심은 데 팥 난다. 이를 믿는 것이 인과를 믿는 것이다. 콩을 심건 팥을 심건 무엇이 날지는 신(神)에게 달려있다거나, 이미 결정되어 있다거나, 아무도 알 수 없다고 한다면 인과를 믿지 않는 것이다.

이 세상에 공짜는 없다고 하지 않는가? 내생을 믿지 않는 이가 짓지 못할 악행은 없으며, 내생을 믿는 이가 짓지 못할 선행은 없다. 선인(善因) 선과(善果)! 악인(惡因) 악과(惡果)! 당장의 과보가 주어지지 않더라도 언젠가는 돌아올 것을 확신하기에, 죽을 때까지 꾸준히 악행은 줄이고 선행은 쌓아나가야 할 뿐이다.

설사 백 천겁이 지나더라도
지은 바 업은 사라지지 않네.
인(因)과 연(緣)이 모여 만날 때에
과보가 돌아와 저절로 받는다네.

영조 대왕의 전생

일타 큰스님의『윤회와 인과응보 이야기』에서는 영조 대왕이
전생에 농산 스님이었다는 것을 자세히 전하고 있다.

조선 숙종 때, 대구 팔공산 파계사의 용파 대사는 서울로 올라
가 스님들의 부역을 없애고자 하였다. 하지만 승려의 도성 출
입 금지로 인하여 3년이 지나도록 남대문 안으로 들어갈 수도
없었다.
어느 날 숙종은 남대문 밖의 셋째 집 위에서 청룡과 황룡이 찬
란한 광명을 놓아 하늘에 사무치는 꿈을 꾸었다. 이튿날 신하
에게 어찌된 영문인지 알아보고 오라 명하였다. 신하가 그 집
에 찾아가 보니 과연 용파 대사가 있었다. 신하는 자초지종을
묻고 용파 대사를 어전으로 데려갔다. 용파 대사가 당시 불교
계의 어려움에 대해 말하면서 승려 부역을 없애달라고 청했다.
그 말을 듣고 나서 숙종은 대사에게 한양 백 리 이내의 절에서
생남기도를 해달라고 했다.
이에 용파 대사는 수락산 내원암에서 기도하고, 농산 스님은

북한산 금선암에서 백일기도를 올리게 되었다. 70여 일이 지난 뒤 용파 대사가 선정에 들어 이 나라 백성 가운데 임금이 될 만한 복을 지닌 사람을 찾아보았으나, 아무도 없었다. 결국 농산 스님에게 임금이 되기를 권하였으며, 백일기도를 회향하는 날 농산 스님은 제자들 앞에서 혼잣말처럼 중얼거렸다.

"아, 50년 동안이나 망건을 쓰고 있어야 한다는 말인가?"

그날 밤 농산 스님은 입적하였으며, 숙종과 숙빈 최씨의 꿈에 미리 현몽하였다.

얼마 후 왕자가 탄생하였는데, 이분이 커서 영조 대왕이 되었고, 예언대로 52년 동안 재위하였다. 영조는 용파 대사가 머물던 파계사 원통전을 중건하고, 관세음보살상을 개금하면서 자신이 입던 도포를 복장유물로 넣었다. 또한 채식을 하고 금주령을 내리기도 했다.

청나라 순치황제도 전생에 스님이었다. 그는 황제의 자리를 내놓고 출가하는 마음을 표현한 「출가시(出家詩)」에서 이렇게 읊고 있다.

> 발우 들고 어디 가서 끼니 걱정하겠는가?
> 사람들은 황금 백옥 귀한 것만 알겠지만,
> 가사 옷 얻어 입기 무엇보다 어려워라.
> 내가 비록 산하대지 주인으로 있었건만,

나라와 백성 걱정 마음 더욱 시끄럽네.
황제 노릇 백 년 하는 삼만 육천 일이
스님 되어 반나절 간 쉬는 것만 못하건만
당초에 한생각 잘못 내어
붉은 가사 벗고 나서 누런 곤룡포를 입었구나.
나는 본래 서천축국 스님인데,
어쩌다가 제왕 가문 떨어졌단 말이더냐?

그는 전생에 서천축국(인도) 스님이었다. 어느 날 황제의 장엄한 행렬을 보고 '우와, 황제 노릇도 한번 해볼 만하겠구나.' 하는 생각을 일으켰다. 이로 인해 다음 생에 황제가 된 것이다. 물론 아무나 한생각 일으킨다고 그대로 이루어지는 것은 아니다. 그만한 공덕과 복력이 갖추어져야 하는 것이다.

모든 것은 한 때다.
잘 나갈 때 공덕 짓고,
못 나갈 때 공부 짓자.

자식이 원수로 느껴진다면…

일타 큰스님의 『윤회와 인과응보 이야기』에는 아들로 태어난 부관 이야기가 있다.

1971년 2군사령관이었던 육군 중장 박은용 장군의 외동아들이 서울대학교 재학 중 감포 앞바다에서 물에 빠져 죽었다. 친구들과 해수욕장에서 좀 떨어진 바위에서 다이빙을 하였는데, 뾰족한 바윗돌에 명치를 찔려 숨졌다는 것이다. 결국 팔공산 동화사에서 아들의 49재를 지내게 되었는데, 도중에 사령관이 자리를 박차고 일어나 영단을 향해 욕설을 퍼붓고 뛰쳐 나가 버렸다.

사령관은 6·25사변 당시 30보병여단장이었다. 북진을 거듭하던 중 지휘관 회의가 있어 경무대로 가면서 평소 신임하던 부관에게 거듭 당부하였다.

"지금 중공군 수십만 명이 내려온다는 소문이 있으니 한시도 경계를 늦추어선 안 된다."

하필 그날 저녁 중공군이 몰려왔고, 부대원 대부분이 몰살당하였다. 나중에 도착한 사령관이 허탈한 마음으로 앉아있을 때, 뜻밖에도 부관이 살아 돌아왔다. 어찌된 일인가 추궁했더니, 간밤에 이웃 온천에서 기생들과 함께 있었다는 것이다. 사령관은 부아가 치밀어 그 자리에서 부관의 가슴에 권총 세 발을 쏘아 죽였다.

그런데 그 부관의 모습이 아들의 위패 앞에 생생히 나타났던 것이다. 곰곰이 따져보니, 부관이 아들로 태어난 것이 틀림없었다. 가슴에 총을 맞아 죽은 부관이 아들로 태어나 다시 바다에서 가슴을 다쳐 죽음으로써 사령관의 가슴에 구멍을 낸 것이다.

또 이런 이야기도 있다.

어떤 여인에게 젊디젊은 아들과 딸이 연거푸 죽는 일이 생겼다. 자식이 죽으면 가슴에 묻는다고 하지 않는가? 한 번도 아니고 두 번씩이나 잇달아 그런 일을 겪은 그 여인은 가슴을 치고 통곡하며 식음을 전폐하다시피 하면서 오랫동안 슬퍼하였다. 하지만 그 아들과 딸의 영혼은 이러한 모습을 지켜보면서 섬뜩하게 웃고 있었다. 전생의 원한을 갚았기 때문이다.

'자식이 웬수'라는 말이 있다. 부모 자식 사이도 금생의 부모 자식일 뿐이다. 전생의 은인과 원수가 만나 서로 은혜와 원한을 주거니 받거니 하는 것이다. 하지만 이것도 항상 모자라거나 지나치다 보니 윤회를 되풀이할 수밖에 없다.

　죽을 때는 애지중지하던 자기 몸도 자식도 재산도 모두 놓고 가야 한다. 가져가는 것은 다만 생전에 자기가 지은 업(業)뿐이다. 가져갈 수 있는 것은 오로지 스스로 지은 행위밖에 없다는 것을 안다면 하지 말라고 말려도 악업은 그치고 선업은 지을 것이다.

몸은 죽어도 한(恨)은 남는다

은사이신 고산 큰스님께서 조계사 주지로 계시던 때의 일이다.

어느 날 조계사 신도인 청신녀가 급한 일로 큰스님을 청해 집으로 모셨다. 스님께서 도착하여 집안을 살펴보니, 거실에서 한 중년 남자가 쓰러져 있는 딸의 배 위에 걸터앉아 두 손으로 목을 조르고 있었다. 이에 스님이 들어가 진언을 외우니, 어느덧 남자의 모습이 보이지 않게 되었다. 이에 스님께서 부인과 딸에게 혹시 어떤 남자와 원수 맺은 일이 있느냐고 물었으나, 모두 '없다'라고 답했다.

나중에 알아보니, 성격이 활달했던 그 부인은 사업으로 많은 돈을 만졌다. 그러나 부인과 정반대의 성격을 지녔던 남편은 착하기만 할 뿐, 소심하고 활동적이지 않았다. 결국 무능한 남편이 되어 아내에게 얹혀살게 되니, 부인은 차츰 남편을 무시하였으며 마침내 바보 병신처럼 취급하게 되었다. 처음에는 착하기만 했던 남편도 부인에 대한 응어리가 쌓여 결국 복수심을 품게 되었다.

그들 부부는 두 딸을 두었는데, 남편은 두 딸이 결혼한 다음 오십대 후반의 나이로 자살을 하였다. 그리고 49재가 끝나자 남편의 복수는 시작되었다. 그 첫 번째는 큰딸을 죽이는 것이었다. 자식들이라면 사족을 못 쓰는 아내의 가슴에 못을 박기 위해서였다. 알고 보면 자신에게도 딸이었건만, 분노에 눈이 멀어 보이지 않았던 것이다. 사람이 죽으면 몸은 없어지지만 맺힌 한(恨)은 남는다.

큰스님께서 부인에게 참회를 권했지만, 부인은 오히려 자신이 무얼 잘못했느냐며 화를 내었다고 한다. 얼마 후 큰딸이 죽었고, 조계사에서 49재를 지냈다. 49재 끝에 소대에 위패를 태우러 갔더니, 그 남자가 나무 밑에서 스님에게 삿대질을 하며 소리쳤다. "제삼자인 당신이 왜 이 일에 개입하여 이래라 저래라 하는 거요? 당신이 끼어들면 내가 더 이상 보복을 하지 않을 것 같소? 천만에! 당신은 더 이상 간섭하지 마시오."

서슬 푸른 남자의 독설에 등에서 식은땀이 흘러내렸다고 한다. 그리고 얼마 지나지 않아 미국으로 이민 가서 살던 둘째딸마저 언니와 똑같은 증상으로 시름시름 앓다가 죽고 말았다.

이러한 사실은 필자가 직접 들었으며, 우룡 큰스님이 지은 『영가천도』에도 자세히 밝혀져 있다. 몸은 사라져도 원한은 남는다. 부부간도 금생의 부부간일 뿐, 전생이나 내생에는 은인과 원수가 되어 서로 앙갚음을 주거니 받거니 하는 것이다.

죽어 보니 불교가 진짜더라!

우룡 큰스님이 지으신 『영가천도』에는 귀신 들린 한 스님의 일화가 있다.

덕숭산으로 출가하여 참선 공부에만 몰두하던 한 스님이 조급증이 일어났다. 마침내 스님은 지리산 피아골로 들어가 정진하면서 마음이 답답할 때마다 밖을 향해 소리쳤다.

"어떤 귀신이라도 좋다. 이리 와서 붙어라."

족집게 점을 보고서 '귀신같이 알아맞힌다.'라는 말도 하지 않는가? 스님은 귀신의 능력을 빌려서라도 무엇이든 시원하게 알고 싶었던 것이다. 그렇게 3개월가량 지난 어느 날, 무언가 섬뜩하더니 6·25 때 죽은 빨치산 귀신이 붙었다. 그 후로는 귀신이 시키는 대로 하루에 열 번도 넘게 삭발을 하는가 하면, 지리산에서 덕숭산까지 밤낮없이 걸어갔다 돌아오기를 반복했다.

또한 귀신이 이끄는 곳으로 가서 땅을 파니, 무전기와 돈과 전단이 나왔다. 그중 전단을 산골사람들에게 나누어주고, 마을로 내려가 공산주의 사상을 스님의 입을 빌어 선전하였다. 결국 스님은 경찰에게 잡혀가 심한 문초를 당해야만 했다.

마침내 스님은 굴레에서 벗어나고자 구병시식을 청하였고, 큰 스님께서 천수다라니를 권하였다. 마지막 각오로 천수다라니를 죽어라고 외우자, 귀신은 할 수 없이 작별을 고했다고 한다.

몸뚱이가 죽는다고 끝이 아니다. 위에서 말한 빨치산 귀신처럼 죽은 뒤에도 살아생전의 업을 여전히 되풀이하고 있는 것이다. 그러니 살면서 복과 도를 닦는 것이 무엇보다 중요하다. 이 몸뚱이 아무리 잘 먹이고 잘 입혀도 죽을 때는 놓고 가야 한다. 오직 자신이 지은 업만 죽어서도 가져가는 것이다.

어떤 신도님의 돌아가신 장모님이 딸의 꿈에 나타나 진지하게 말했다.

"죽어 보니 불교가 진짜더라!"

그 장모님은 죽기 전까지 불자가 아니었으며, 다른 종교를 믿는 분이셨다. 사실 죽어 보기 전까지는 누가 옳고 누가 그른지 알기 힘든 것이 사후세계다. 그런데 사후세계에 가 보니, 부처님 말씀이 진짜였다는 것을 알게 된 것이다. 이제라도 알았으니 참 다행이다.

범종 불사의 기연

고산 큰스님께서 쌍계사 주지로 부임한 지 5년째 되던 해에 대
웅전에서 칠일기도를 하셨다. 엿새째 되는 날 오후기도 중 탁
자 위의 문수보살상이 홀연히 동자의 모습으로 변하더니 탁자
에서 '통, 통, 통' 내려와 스님 앞에 서서 말씀하셨다.

"금년에는 범종루와 범종 불사를 하여라."

"어떻게 하면 됩니까?"

"범종은 일본 사람에게 얻고, 범종루는 신도 성금으로 지으면
된다."

"범종은 왜 일본 사람에게 시주받습니까?"

"과거에 그들이 쌍계사 범종을 공출해 갔기 때문이다."

그러고는 다시 탁자 위 문수보살상으로 되돌아갔다. 이에 따라
범종 불사를 진행하셨는데, 신기하게도 쌍계사 범종은 일본인
광산업자인 우에다(上田) 회장이 시주하게 되었다.

이는 필자가 큰스님께 직접 전해들은 실화이며, 고산 큰스님
회고록 『지리산의 무쇠 소』에도 자세히 밝혀져 있다. 또한 당시

일본인 시주자와 그 가족들의 이름이 쌍계사 범종에 새겨져 있음을 확인한 바 있다. 이로 보건대 개인은 물론이고 국가와 민족의 공업(共業) 또한 절대 무시할 수 없음을 분명히 알 수 있다.

필자에게도 근래에 범종 불사의 기연이 있었다. 코로나19로 인하여 선원이 거의 개점휴업 상태가 된 적이 있었다. 평상시에는 이런저런 일로 바빴기에, 마침 기회다 싶어 한동안 기도를 열심히 하였다. 마침내 삼칠일기도를 세 번째 회향하던 날, 법당에서 홀연 이런 소리가 들렸다.

"범종 불사를 하면, 첫째 업장에서 해탈하고, 둘째 도모하는 바가 순탄해지며, 셋째 명성을 떨치게 될 것이다."

이런 말씀이 텔레파시처럼 순간적으로 새겨졌다. 당시 한창 위세를 떨치던 코로나 팬데믹으로 법회도 멈추었고, 신도들도 오지 못하는 상황에서 이게 가당키나 한 건가? 한편 의심도 들었지만, 어쨌든 메시지가 매우 분명했기에 범종 불사를 시작했다. 그러자 염려했던 것과 달리 순탄하게 진행이 되어 원만히 회향하게 되었다.

기도나 수행 정진을 하다 보면 갖가지 현상을 체험하게 된다. 그럴 때 이를 무조건 무시해서도 안 되고, 자신이 대단한 경지에 이르렀다고 자만해서도 안 된다. 그저 정진하는 가운데 나타나는 일종의 경계라고 생각하여 잘 선용하면 그뿐이다.

스님도 병원에 오네?

어릴 적 어머님이 필자에게 '너는 부처님 제자'라는 말씀을 자주 하셨다. 나를 낳고 사흘 후 꿈을 꾸었는데, 부처님께서 시자와 함께 오셔서 집을 둘러보셨다고 한다. 시자가 나를 가리키며 "부처님 제자가 태어났습니다."라고 말하였고, 부처님께서는 고개를 끄덕이시며 말없이 빙그레 미소 짓고 가셨다는 것이다.

이를 믿고 진실한 불제자가 되고자 했던 필자는 마침내 지리산 쌍계사로 출가하였다. 행자생활 삼일째 되던 날, 아주 생생한 꿈을 꾸었다. 인근 불일폭포의 물이 하늘로 용솟음쳐 올라가는데, 그 위에 커다란 잉어 한 마리가 펄떡이고 있는 상서로운 꿈이었다. 이곳이 바로 등용문(登龍門)이라는 소식인가?

어쨌든 신심이 솟아나는 행자생활을 마치고 강원에 입방하여 열심히 공부하던 어느 날 새벽, 간경시간에 마치 목 뒤를 송곳으로 찌르는 것 같은 느낌이 들었다. 그 후 몸이 예전 같지 않았다. 겉보기에는 전혀 이상이 없는데, 마치 목에 큰 혹이 달려 있는 듯 느껴져 일어나고 앉는 것조차 수월치 않았다. 할 수 없이 병원에 갔지만, 의사소견은 별 이상이 없다는 것이었다. 결국 한의

원에 다니며 침을 맞았는데, 그때뿐이었다.

그러던 어느 날 한의원 문을 열고 들어가니, 의자에 앉아 대기하던 환자 한 분이 불쑥 말했다. "어, 스님도 병원에 오네?" 이 말을 듣는 순간 창피한 생각이 확 들었다. '안 되겠다. 이 병은 기도로 고쳐야겠구나.'

때마침 대웅전 부전이 공석이 되어 자원해서 부전을 맡았다. 하루에 네 번, 사분정근을 하면서 점심 한 끼만 죽으로 연명했다. 입맛도 없으려니와 기도에 마음을 집중하고자 했기 때문이다. 그렇게 꾸준히 기도하던 어느 날 법당에서 '관세음보살' 정근을 하던 중 홀연히 병고의 원인이 파악되었다.

'아, 과거 살생의 연(緣)이 들어온 것이로구나.'

이에 먼저 부처님께 진심으로 참회 드리고, 연(緣)에게도 지심으로 참회를 했다.

"정말 미안하다. 내가 너무 무지하여 죽을 죄 지었구나. 진심으로 참회한다."

그리고 잠시 후 덧붙였다.

"미안하다. 그렇기는 하지만, 이렇게 해서 내가 쓰러지면 또 다시 업을 짓는 것이니, 이쯤에서 그만하는 것이 좋지 않겠니? 그러면 너를 위해 기도하고 재도 올려주마."

말을 마치자마자 목에서 커다란 혹이 '툭' 떨어져나가듯 개운해졌고, 몸도 쾌차하게 되었다.

소원을 말해 보거라

　지리산 쌍계사에서의 행자생활은 행복하기 짝이 없었다. 산세는 아름다웠으며, 옥천골과 내원골 두 계곡물은 쉼 없이 맑고 시원하게 흘러내렸다. '화개(花開)'라는 이름에 걸맞게 이른 봄부터 늦가을까지 동백과 매화를 비롯한 온갖 꽃들이 만발했다.

　어느 날 새벽예불 뒤 오백 배를 마치고 후원으로 가는데 천상의 음악소리가 들렸다. 이를 찾아가 보니 강원에서 학인스님들이 송경하는 소리였다. 참으로 신심이 우러나 행자생활을 마치고 곧바로 강원에 입방했다.

　때마침 덕민 스님께서 강주로 계셨는데, 한문경전을 그렇게 따박따박 잘 새겨나가는 분은 처음이었다. 지금도 "있는 말 빼지 말고, 없는 말 넣지 말라."던 말씀이 귀에 맴돈다. 나중에 오신 통광 강주스님 또한 경전의 대지를 통섭해서 전하는 데는 최고이셨다. 무엇보다 은사이신 고산 큰스님의 게송 법문은 지금까지 들었던 어떤 법문보다 수승했다.

　강원을 마치고 산내암자인 국사암에서 백중기도 회향 시, 지리산 허공중에 출현하신 아미타부처님과 4대 보살님을 친견하였다. 또한 중국의 보타락가산에서 관세음보살님을 친견하기도 하였다.

십 수 년 전 중국의 관음성지인 보타락가산으로 성지순례를 간 바 있다. 먼저 보타산에서 순례를 마치고, 다음날 낙가산으로 가기 위해 하룻밤 묵게 되었다.

새벽녘 비몽사몽간에 얼굴이 하얗고 눈썹이 새까만 분이 나타나셨다. 척 보니 관세음보살님이셨다. 그분께서 말씀하셨다.

"소원을 말해 보거라."

이에 얼른 답하였다.

"일체 중생을 제도하여 지이다."

그러자 잠깐 동안 필자의 얼굴을 물끄러미 쳐다보시더니 다시 물으셨다.

"그게 진짜 네 소원이 맞느냐?"

이에 다시 솔직하게 답했다.

"공부에 진전이 있어 지이다."

그리고 홀연히 사라지셨는데, 실로 마음공부에 큰 진전이 있었다.

최근에 알고 보니, 이분은 원통보전의 백옥 관음보살님이셨다. 당시엔 가이드가 보타산에서 가장 유명한 불긍거관음원만 방문하고, 그 뒤에 있는 원통보전은 생략하였기에 몰랐던 것이다.

내생을 믿지 않는 자가 짓지 못할 악행은 없다

부처님처럼 진리를 깨달으신 분도 모함도 받고 살해 위협
도 받으셨다. 뛰어난 미녀였던 찐짜마나위까는 부처님을
시기 질투하는 이교도들의 사주를 받아 사문 고따마의 아
이를 뱄다고 거짓말을 하고 다녔다.

어느 날 만삭의 여인처럼 나무원반으로 부풀린 배를 안
고, 법문 중인 부처님 앞에 서서 악담을 퍼부었다. 이를
본 삭까 천왕과 천신들이 작은 생쥐로 변해 그녀의 옷 속
에 들어가서 나무원반을 묶고 있는 끈을 끊고 거센 바람
을 일으켜 천을 날려버렸다. 이에 나무원반이 떨어져 발
가락을 잘라버렸다.

대중들은 그녀의 얼굴에 침을 뱉고 흙덩이를 던지고 막대기로
때리며 쫓아버렸다. 그녀가 부처님의 시야에서 사라졌을 때,
그녀의 발아래 땅이 갈라지면서 무간지옥(無間地獄)의 불길이
치솟아 그녀를 휘감아 돌면서 삼켜버렸다.

이에 부처님께서 게송을 설하셨다.

진실을 넘어서 거짓을 말하며
다가올 다음 세상을
하찮게 여기는 자가
짓지 못할 악행은 없다.   -『법구경』

그녀는 전생에 음란한 왕비로서 왕자를 모함했으며, 금생에도
여인으로 태어나 부처님을 모함하다가 결국 무간지옥으로 떨
어져 버렸다.

무간지옥이란 아비지옥을 말하며, 쉴 틈 없이 형벌에 시달리
는 지옥이다. 아버지를 죽이거나, 어머니를 죽이거나, 아라한을
죽이거나, 부처님 몸에 피를 내거나, 대중의 화합을 깨뜨린 자가
가는 최악의 지옥이다.

이승이 있으면 저승이 있다. 저승의 판관을 지낸 여주 선생의
『저승문답[幽冥問答錄]』에 따르면, 지옥의 처벌은 가혹하기 짝이
없다고 한다. 죄악은 낱낱이 밝혀져 결코 발뺌할 수가 없으며,
각각의 죄업에 따라 남김없이 처형받는다. 살아생전 자신의 선
행과 악행이 모두 업경대에 고스란히 드러난다.

또한 이승에서는 열 번의 살인을 저지른 사람도 단 한 번의 처
벌로 끝나지만, 저승에서는 열 번 모두에 걸쳐서 엄정한 처벌을
받는다. 인과에는 한 치의 오차도 없다. 다만 시차(時差)가 있을
뿐!

흙수저와 금수저

비록 흙수저로 태어났지만, 금수저로 운명을 바꾼 불교계의 신데렐라인 말리까 왕비의 이야기도 인과를 설하고 있다.

말리까는 본래 부잣집의 정원을 관리하는 하녀였다. 어느 날 낯선 남자가 몹시 지친 행색으로 정원에 들어섰다. 이에 밝은 얼굴로 친절하게 물을 떠다 주고 편히 쉴 수 있도록 하였다. 나중에 알고 보니 그 남자는 사냥을 나왔다 길을 잃고 헤매던 빠세나디 왕이었고, 친절히 응대한 인연으로 마침내 왕비가 되었다.

도대체 무슨 공덕으로 자신이 갑자기 왕비가 되었을까 생각하던 말리까는 최근 걸식을 나온 한 수행자에게 자신이 먹을 음식을 나눠드린 일이 떠올랐다. 그 수행자가 누구인지 찾아보니 바로 부처님이셨다. 부처님께 공양 올린 공덕으로 왕비가 되었음을 알게 된 그녀는 계속해서 부처님께 공양을 올렸다.

말리까는 과거 생에 베나레스 욱가세나 왕의 왕비였다. 베나레스의 왕이 백 명의 왕과 왕비를 붙잡아 목신에게 제물로 바치려 할 때, 자신의 전생담을 들려주어 모두 풀려나게 했다. 이와 마찬가지로 금생에도 빠세나디 왕이 무고한 생명들을 제물로 바치려 하자, 부처님께 인도하여 모두 풀어주게 한 바 있다. 이렇게 선행을 하던 말리까는 어느 날 석가세존께 질문을 하였다.

"똑같은 인간으로 태어났는데, 왜 어떤 사람은 예쁘고 어떤 이는 못생겼나요? 왜 어떤 이는 부유하고, 어떤 이는 가난한가요? 왜 어떤 이는 고귀한 가문에 태어나고, 어떤 이는 천박한 가문에 태어나는가요?"

이에 대한 부처님의 답변은 간단명료했다.

"그것은 모두 과거 생에 지어 놓은 결과다. 과거 생에 화를 내지 않고 상냥한 마음을 연습했으면 예쁘게 태어난다. 보시를 많이 했으면 부유하게 태어난다. 시기 질투를 하지 않았으면 고귀한 가문에 태어난다."　　　　　　－『앙굿따라 니까야』 4

한마디로 금생의 미추(美醜)와 빈부(貧富)·귀천(貴賤)은 모두 과거 생의 결과라고 하는 것이다. 금생은 전생의 열매요, 내생은 금생의 열매이다. 그렇다고 무조건 감수하기만 하라는 것은 아니다. 삼생(三生)이 결국 내 작품이기에, 내가 바꿀 수 있다. 진정 아름답고 부유하고 귀해지기를 바란다면, 지금부터라도 화를 내지 말고, 보시를 많이 하고, 시기 질투하지 말아야 한다는 것이다.

재수 옴 붙은 거지아이의 전생

　사왓띠에 아난다라는 큰 부자가 살고 있었다. 그는 엄청난 부자였지만 지독한 구두쇠였다. 그래서 가장 값비싼 보물들을 다섯 개의 보물 항아리에 가득 담아 자신만 아는 곳에 묻어두었다. 심지어 아들에게도 말하지 않고, 재산에 대한 집착 속에 죽었다. 그는 곧 거지여인의 모태에 들어갔다.

　거지여인이 그를 임신한 날부터 그녀가 속한 거지집단은 구걸은커녕 일을 해도 보수를 받지 못했다. 무리 중에 '재수 옴 붙은 놈'이 있다고 생각한 그들은 두 그룹으로 나누어 일을 나갔다. 이런 식으로 조사를 해나가자 결국 아난다를 임신한 여인을 찾아냈다. 그녀는 무리에서 쫓겨나 온갖 고초를 겪으며 아들을 낳아서 키웠다. 아들이 혼자 구걸을 나갈 정도가 되자, 그녀는 아이에게 찌그러진 냄비를 주며 스스로 얻어먹도록 하였다.

　그 거지아이는 이집 저집 구걸을 다니다가 전생에 자신이 살았던 집까지 오게 되었다. 그가 문을 들어섰을 때 그의 아들이었던 물라시리의 어린 아들(아난다의 손자)이 그를 보고 두려움에 울음을 터뜨렸다. 그러자 하인들이 몰려와 그를 몽둥이로 때리고 밖으로 내던졌다.

그때 부처님께서 물라시리를 불러 물었다.

"저 사람을 모르는가?"

"모릅니다."

"그는 너의 아버지 아난다이다."

물라시리가 믿을 수 없다고 하자, 부처님께서는 거지아이에게 다섯 개의 보물항아리를 찾아내게 하였다. 아이가 아무도 알 수 없었던 다섯 개의 보물항아리를 찾아내자, 부처님께서 게송을 읊으셨다.

> 내게 자식이 있고 재산이 있다고
> 어리석은 이는 집착으로 애를 태우네.
> 자신도 자신의 의지처가 되지 못하거늘
> 어찌 자식과 재산이 의지처가 되리오!
>
> — 『법구경』

로히니 공주의 삼생(三生)

아누룻다 장로의 누이동생인 로히니는 극심한 피부병으로 고생하고 있었다. 공덕을 지으라는 장로의 권유에 따라 자신의 보석 장신구를 팔아 스님들이 공부도 하고 공양도 할 수 있는 이층짜리 승당(僧堂)을 지었다. 더불어 그녀는 방을 깨끗이 청소하고 의자를 준비하고 물 항아리에 물을 가득 채우는 등 정성껏 일하였다. 그러자 피부 발진도 점점 가라앉았다.

승당이 완공되자, 부처님께서는 로히니를 불러 온몸에 발진이 난 까닭에 대하여 설명해 주셨다.

"네 몸에 발진이 일어난 것은 질투와 분노 때문이니라."

"부처님이시여, 제가 언제 질투하고 분노를 일으켰습니까?"

"이야기해 줄 테니 잘 들어라."

부처님께서는 그녀의 전생 이야기를 해 주셨다.

로히니의 전생: 질투심 많은 왕비

오래된 옛날 고대 인도 베나레스의 왕비는 왕이 총애하는 무희에 대한 질투로 괴로웠다. 질투심이 극에 달하자, 그녀를 괴롭힐 궁리를 하였다. 먼저 온몸을 가렵게 만드는 열매를 가루로 만들었다. 그러고 나서 무희를 불러내고 사람을 시켜 그녀의 침대와 옷, 이불 등에 가루를 뿌렸다. 또한 농담하는 척하며 무희의 몸에도 가루를 뿌려댔다. 그러자 무희의 몸에 가려움이 일어나고 발진이 생기기 시작하더니, 온몸을 뒤덮었다. 그녀는 가려워서 마구 긁어댔기 때문에 끔찍한 모습으로 변했다. 그때의 왕비가 지금의 로히니였다.

"로히니여, 이것이 그대가 저지른 악행이었다. 분노와 질투는 아무리 가벼운 것이라도 좋지 않은 것이다."

부처님께서는 이렇게 말씀하시고 게송을 읊으셨다.

분노와 교만을 버리고 모든 족쇄를 극복하라.
몸과 마음에 집착하지 않고
번뇌도 없는 사람에게는
괴로움이 생기지 않는다.   ─『법구경』

이 게송 끝에 많은 사람들이 수다원·사다함·아나함과를 성취했다. 로히니도 수다원과를 성취함과 동시에 병이 낫고 예쁜 용모를 회복하였다.

로히니의 내생: 삭까 천왕의 아내

로히니는 죽어서 삼십삼천의 네 명의 천신들의 경계 지역에 태어났다. 그녀는 사랑스럽고 귀엽고 완벽한 아름다움을 갖추고 있었다. 네 명의 천신들은 그녀를 보자 서로 그녀를 차지하려고 말다툼을 벌였다.

결국 그들은 그녀를 데리고 삭까 천왕에게 가서 중재를 요청했다. 삭까 천왕이 그녀를 보자 또한 그녀를 갖고 싶은 강한 욕망이 일어났다.

천왕이 네 천신들에게 차례로 물었다.

"그대가 이 천녀를 보자 어떤 생각이 일어났는가?"

이에 한 천신은 "전쟁터의 북소리보다 가슴을 진정시킬 수 없었다." 하였고, 다른 천신은 "높은 산골짜기에 쏜살같이 흐르는 물보다 제 피가 더 빠르게 흐르는 것을 느꼈다." 하였다. 또 다른 천신은 "눈알이 튀어나올 뻔했다." 하였고, 마지막 천신은 "제 마음이 탑 꼭대기에 걸려있는 깃발보다 더 펄럭거려서 진정시킬 수 없었다."라고 답하였다.

이러한 말을 들은 삭까 천왕이 그들에게 말하였다.

"친구들이여, 그대들의 마음은 사랑의 열병으로 불타고 있구나. 하지만 그대들은 내 마음에 비하면 아무것도 아니다. 나는 그녀를 얻으면 살고, 얻지 못하면 죽어버릴 것이다."

이에 천신들이 말했다.

"대왕이시여, 당신이 죽으면 절대로 안 됩니다."

그들은 로히니를 삭까 천왕에게 바치고 되돌아갔다. 그녀는 삭까 천왕이 가장 사랑하는 아내가 되었다. 그녀가 "우리 놀러

가요."라고 말하면 삭까 천왕은 결코 거절할 수 없었다.

로히니 공주는 전생에 질투심 많은 왕비로 악행을 지어 금생에는 극심한 피부병으로 고생했다. 하지만 금생에 승당을 짓고 청소를 하는 등 큰 공덕을 지어 병이 낫고 내생에는 완벽한 아름다움을 갖춘 여인으로 태어났다.

부처님께서 말씀하신 로히니 공주의 전생과 금생 그리고 내생을 보자면 삼세인과가 역연하거늘 어찌 이를 믿지 않겠는가?

윤회하려고 발버둥을 치다

어느 날 사왓띠에 사는 오백 명의 여자 신도들이 사원으로 갔다.
위사카가 그중 나이 든 여인들에게 가서 물었다.
"무엇 때문에 사원에 다닙니까?"
"천상에 태어나고 싶어서 다닙니다."
다시 중년의 여인들에게 묻자, 그들이 대답했다.
"남편의 지배에서 벗어나기 위해 다닙니다."
다시 젊은 여인들에게 묻자, 그들이 답했다.
"아이를 빨리 임신하고 싶어서 다닙니다."
이번에는 처녀들에게 묻자, 그들이 답했다.
"혼기를 놓치기 전에 남편을 만나 결혼하고 싶어서요."

이 말을 전해 들은 부처님께서 게송을 설하셨다.

죽음은 목동들의 막대기와 같아서
태어남을 늙음으로 몰고, 늙음을 병듦으로 몰고,
병듦을 죽음으로 몰고 가서

마침내 도끼로 자르듯 생명을 끊어버린다.

그럼에도 불구하고
윤회에서 벗어나려는 사람은 아무도 없고,
오히려 다시 태어나려고 발버둥을 친다."   —『법구경』

   지금 이 시대 또한 윤회에서 벗어나려는 사람은 거의 없고,
오히려 다시 태어나려고 발버둥을 치는 것이 아닐까?

   바다를 보면, 지금까지 윤회하면서 흘린 눈물의 양이 저 바닷
물보다 더 많다고 생각해야 한다. 산을 보면, 지금까지 윤회하면
서 죽어 묻혀 보지 않은 곳이 없다고 생각해야 한다. 그만큼 윤
회를 거듭했으니, 이제는 그만 해탈할 때도 되지 않았을까?

   이제는 해탈법을 배우고 실천해서 윤회의 고통에서 벗어나야
한다. 인생의 목적은 행복이 아니라 해탈인 것이다. 부디 독자들
모두 아바타 명상을 통해 해탈하기를….

신(神)도 죽는다

신(神)도 죽는다. 첫째 수명이 다하거나, 둘째 복덕이 다하거나, 셋째 화를 자주 내면 죽는다. 『법구비유경』에서는 신들의 왕인 제석천왕의 죽음과 환생에 대하여 다음과 같이 설하고 있다.

제석천왕은 다섯 가지 덕이 몸을 떠나자, 스스로 목숨이 다하여 인간 세상의 옹기장이 집에 나귀로 태어날 것을 알았다. 몸에서 떠나는 다섯 가지 덕이란 무엇인가? 첫째 몸에서 광명이 없어지고, 둘째 머리 위의 꽃이 시들고, 셋째 왕좌에 앉아 있기가 싫고, 넷째 겨드랑이에서 땀 냄새가 나고, 다섯째 먼지나 흙이 몸에 달라붙는 것이다. 이 다섯 가지 일로써 복덕과 수명이 다한 것을 스스로 알고 매우 크게 근심 걱정하였다.
제석천왕은 이 세상에서 이러한 괴로움과 재난을 구제해 주실 분은 오직 부처님이라 생각하고, 재빨리 부처님이 계시는 곳으로 달려갔다. 이때에 부처님께서는 기사굴산의 돌집 안에서 좌선중이셨다.
제석천왕은 부처님을 뵙고 큰절을 올리고 땅에 엎드린 채, 지극한 마음으로 부처님과 가르침과 스님들께 귀의하였다. 그러자 땅에 엎드린 몸을 일으키지도 아니한 그 시간에 홀연히 수명이 끝나 바로 옹기장이 집 나귀 뱃속에 새끼로 잉태되었다. 이때에 나귀가 고삐를 끊고 날뛰며 옹기그릇을 깨뜨리자, 옹기장이는 나귀를 몽둥이로 때렸다. 몽둥이에 맞은 나귀는 즉시 유산을 했고, 나귀에게 잉태된 제석천왕의 정신은 부처님 앞에 엎드린 채 있었던 제석천왕의 몸으로 돌아가 다시 다섯 가지 덕을 갖춘 본래의 제석천왕이 되었다.

그러자 부처님께서 제석천왕을 칭찬하시며 말씀하셨다.

"장하구나, 제석이여! 운명하는 때를 당하여 삼보에 귀의하였기 때문에 죄업이 사라져 다시 괴로워하지 않게 되었구나."

이어서 게송을 읊으셨다.

만들어진 것은 항상하지 않고 흥하고 망하는 법
태어났는가 하면 문득 죽으니 열반만이 즐거움이네.
마치 옹기그릇 만드는 이가 흙을 개어 그릇을 만들어도
모두 반드시 깨어지듯 사람의 생명도 그러하다.

—『법구비유경』

신(神)도 죽을진대 인간이야 말할 것이 있으랴? 오는 데는 순서가 있지만, 가는 데는 순서가 없다. 내일이 먼저 올지 내생이 먼저 올지?

사바세계의 보약 '보왕삼매론'

1. 몸에 병 없기를 바라지 말라.

   몸에 병이 없으면 탐욕이 생기기 쉽나니,

   그래서 성인이 말씀하시되 "병고로써 양약을 삼으라." 하셨느니라.

2. 세상살이에 곤란함이 없기를 바라지 말라.

   세상살이에 곤란함이 없으면 업신여기는 마음과 사치한 마음이 생기나니,

   그래서 성인이 말씀하시되 "근심과 곤란으로써 세상을 살아가라." 하셨느니라.

3. 공부하는 데 마음에 장애 없기를 바라지 말라.

   마음에 장애가 없으면 배우는 것이 넘치게 되나니,

   그래서 성인이 말씀하시되 "장애 속에서 해탈을 얻으라." 하셨느니라.

4. 수행하는 데 마(魔)가 없기를 바라지 말라.

   수행하는 데 마가 없으면 서원이 굳건해지지 못하나니,

   그래서 성인이 말씀하시되 "모든 마군으로서 수행을 도와주

는 벗을 삼으라." 하셨느니라.

5. 일을 꾀하되 쉽게 되기를 바라지 말라.

일이 쉽게 되면 뜻을 경솔한 데 두게 되나니,

그래서 성인이 말씀하시되 "여러 겁을 겪어서 일을 성취하라." 하셨느니라.

6. 친구를 사귀되 내가 이롭기를 바라지 말라.

내가 이롭고자 하면 의리를 상하게 되나니

그래서 성인이 말씀하시되 "순결로써 사귐을 길게 하라." 하셨느니라.

7. 남이 내 뜻대로 순종해 주기를 바라지 말라.

남이 내 뜻대로 순종해 주면 마음이 스스로 교만해지나니,

그래서 성인이 말씀하시되 "내 뜻에 맞지 않는 사람들로서 울타리를 삼으라." 하셨느니라.

8. 공덕을 베풀면서 과보를 바라지 말라.

과보를 바라면 도모하는 뜻을 가지게 되나니,

그래서 성인이 말씀하시되 "덕 베푼 것을 헌신짝처럼 버려라." 하셨느니라.

9. 이익을 분에 넘치게 바라지 말라.

이익이 분에 넘치면 어리석은 마음이 생기나니,

그래서 성인이 말씀하시되 "적은 이익으로써 부자가 되라." 하셨느니라.

10. 억울함을 당해서 밝히려고 하지 말라.

억울함을 밝히면 원망하는 마음을 돕게 되나니,
그래서 성인이 말씀하시되 "억울함을 당하는 것으로 수행의
문을 삼으라." 하셨느니라.

이와 같이 막히는 데서 도리어 통하는 것이요, 통함을 구하는
것이 도리어 막히는 것이니, 그래서 부처님께서는 저 장애 가
운데서 보리도를 얻으셨느니라. 요즘 세상에 도를 배우는 사람
들이 만일 먼저 역경에서 견디어 보지 못하면 장애에 부딪칠
때 능히 이겨내지 못해서 법왕의 큰 보배를 잃어버리게 되나
니, 이 어찌 슬프지 아니하랴!   ─『보왕삼매론』

『보왕삼매론』은 한마디로 사바세계의 정신적 보약이다. 사바
세계는 '고통을 견뎌내는 곳'이라는 뜻처럼 고난이 많고 장애가
많다. 하지만 그 덕분에 진전도 빠르다. 그러므로 사바세계에 살
면서 역경과 고난이 없기를 바랄 것이 아니라, 이를 오히려 발전
의 계기로 삼는 것이 현명하다.
　도저히 이해할 수 없는 상황이나 참기 힘든 경우를 당하면『보
왕삼매론』을 읽고 이렇게 주문을 외우자. 그러면 더 이상 이해할
수 없는 일은 없을 것이다.
　"그래, 여긴 사바세계니까!"

삼계에서 벗어나 피안으로 가야 한다

사왓띠의 주민들이 신도회를 조직해서 함께 공양 올리고 철야 정진 법회를 하기로 했다. 하지만 막상 철야법회가 시작되자 밤새도록 법문을 듣고 있을 수가 없었다. 어떤 이는 성욕을 이기지 못하여 집으로 돌아가고, 어떤 이는 불쾌감을 견디지 못해서 돌아가고, 남아 있는 이들도 해태와 혼침을 이기지 못하여 앉은자리에서 졸며 거의 법문을 듣지 못하였다.

다음날 이러한 이야기를 듣고, 부처님께서 말씀하셨다.

"비구들이여, 세상의 대부분의 중생들은 존재에 집착한다. 욕계·색계·무색계의 세 가지 존재에 집착하며 살아간다. 이 존재에서 벗어나 피안으로 가려는 자는 거의 없다."

그리고 게송을 읊으셨다.

"저 언덕으로 가는 이는 없고
이 언덕에 머무는 자는 참으로 많네.
붓다의 가르침을 바르게 실천하는 이들만
죽음의 왕국을 건너 저 평화로운 언덕에 이르리라." - 『법구경』

이 언덕은 사바예토이며, 저 언덕은 극락정토를 말한다. 부처님께서 참으로 바라는 것은 중생들이 윤회의 언덕에서 해탈의 언덕으로 건너가는 것이다. 그러자면 윤회의 달콤한 꿈에서 벗어나야 한다. 흉몽이나 길몽이나 꿈이기는 매한가지이기 때문이다. 사실 길몽보다 좋은 것은 꿈 깨는 것이다. 하지만 중생들은 도무지 꿈을 깨려 하지 않는다. 다만 좋은 꿈을 꾸려는 데 올인하고 있을 뿐이다.

제2부
아미타 명상
(Amitābha)

아미타 부처님과 주파수 맞추기

학창 시절, 서울 인근 삼각산으로 몇몇 사람과 함께 등반을 간 적이 있었다. 당시 한겨울인지라 무척 춥고 바람까지 강하게 불었다. 할 수 없이 산 정상 조금 못 미친 곳에서 텐트를 치고 뜨거운 차를 마시려고 텐트 안에 버너 불을 피워 물을 끓였다.

무언가를 가지러 잠시 좁은 텐트 속에 들어갔던 필자는 나오는 도중 버너 불을 건드렸고, 펄펄 끓던 물이 발등에 고스란히 쏟아져 버렸다. 그로부터 화상의 극심한 고통이 몰려왔다. 할 수 없이 한 동료의 부축을 받고 매 발자국마다 통증을 느끼며 가파른 산길을 절룩이며 내려왔다. 걸음을 뗄 때마다 발등과 신발이 마찰하여 화상을 입은 부위가 더욱 아파서 하산길이 너무나 멀게 느껴졌다. 그때 불현듯 이런 생각이 들었다.

'발등 하나만 데여도 이렇게 고통스러운데, 세상에는 이보다 더한 육체적·정신적 고통을 겪는 사람들이 얼마나 많을까? 앞으로 그런 사람들을 위해서 살아야겠구나.'

내 자신의 고통을 반추하면서, 세상 사람들의 고통을 떠올린 것이다.

그런데 이런 마음을 일으킨 순간, 실로 믿기 힘든 일이 일어났다. 방금 전까지만 해도 극심했던 발등의 통증이 전혀 느껴지지 않는 것이었다. 도대체 어찌된 일일까? 관세음보살님의 가피인가? 아무튼 그 순간부터 거의 뛰다시피 산길을 내려왔다.

대승의 서원을 발하는 순간 이미 불보살님과 주파수가 맞추어진다. 불보살님과 내 마음의 파동이 같아지기 때문이다. 예컨대 불교방송에 채널을 맞추어야 불교방송 프로그램을 만날 수 있는 것과 마찬가지다.

발원은 다만 미래를 위해서만 하는 것이 아니다. 아미타불의 극락정토에 태어나기를 원하는 순간 죽음에 대한 공포와 현세에 대한 애착이 저절로 줄어든다. 애착이 줄어드니 성냄도 줄어들고 어리석은 행위도 줄어든다. 몸과 마음이 부드럽고 상냥해진다. 극락에 가기도 전에 즐거움이 밀려온다.

그러므로 발원의 중요성은 두말할 필요가 없다. 발원은 단지 미래뿐만 아니라 현재의 마음가짐과 행위에도 강력한 영향을 미친다. 목표가 뚜렷해지면 역동적인 삶이 열리게 된다. 첫째 믿자, 아미타불의 극락정토를! 둘째 원하자, 그곳에 태어나기를! 셋째 행하자, 아미타 명상을!

1장

믿자(信): 극락정토는 해탈게임 가상현실

가자, 가자, 건너가자!

평생토록 각고의 노력을 해서, 물 위를 걸어 강을 건너는 신통력을 얻고자 하는 수행자가 있었다. 이를 본 부처님께서는 혀를 차며 이렇게 말씀하셨다.

"쯧쯧쯧! 동전 한 닢이면 배를 타고 건널 수 있을 텐데…."

사바예토는 2진법으로 설정된 가상현실이며, 인과법의 지배를 받는다. 나와 남, 고와 낙, 지옥과 천당이 공존한다. 윤회게임 점수에 따라 육도를 오르락내리락할 수밖에 없다. 하지만 극락정토는 0진법으로 설정된 가상현실이며, 인과를 초월한다. 불성에 입각해 모두가 평등하며, 수명이 무량하다. 고는 없고 낙만 있다. 삼악도가 없으며, 후퇴는 없고 전진만 있는 해탈게임을 하는 곳이다.

그곳은 아미타 부처님께서 장만하고 관세음보살과 대세지보살이 이끄는 반야선을 타고, 누구나 함께 갈 수 있다. 동전 한 닢이면 된다. 바로 아미타 명상이다. 늦기 전에 어서 뱃삯이나 마련하자.

해골의 주인은 어디에 태어났을까?

라자가하에 사는 왕기사는 특이한 재주를 지녔다. 죽은 이의 해골을 두드려 그 소리를 듣고, 죽은 사람이 어디에 태어났는지 알아맞히는 것이었다. 사람들은 자기 부모와 형제, 그리고 친척들이 죽어서 어디로 환생했는지 궁금해서 돈을 들고 왕기사를 찾아왔다.

더욱 큰돈을 벌기 위해 사왓띠로 온 왕기사는 마침내 부처님과 만나게 되었다. 부처님께서는 다섯 개의 해골을 준비하셨다. 그중 네 개의 해골은 지옥·축생·인간·천상에 태어난 해골이었고, 나머지 하나는 아라한과를 성취한 비구의 해골이었다. 부처님께서 왕기사에게 물으셨다.

"그대가 죽은 사람의 해골을 두드려 보고 어디에 태어났는지 알아맞힌다는 것이 사실인가?"

"그렇습니다."

"그럼 이 해골의 주인은 어디에 태어났는지 알아맞혀 보아라."

"이 해골의 주인은 지옥에 태어났습니다."

"훌륭하다!"

부처님께서는 그를 칭찬하며 다음 세 개의 해골에 대해서도 물으셨다.

왕기사는 하나도 틀리지 않고 정확히 알아맞혔다. 부처님께서는 찬탄하면서 마지막 해골을 가리키며 물으셨다.

"이 해골의 주인은 어디에 있는가?"

왕기사는 다섯 번째 해골을 두드려 보았지만, 어디에 태어났는지 알 수 없었다.

천신도 건달바도 인간도
그가 간 곳을 모르며
번뇌가 다하고 마땅히 공양 받을 만한 사람
그를 일컬어 아라한이라 한다.　　　　　　-『법구경』

과연 다섯 번째 해골의 주인은 어디에 태어났을까? 과연 수많은 아라한은 다 어디로 갔을까? 천신도 인간도 모르는 곳이라면, 당연히 사바세계는 아니다.

극락정토에는 아라한이 헤아릴 수 없이 많다. 퇴보가 없고 진전만 있기에 모두 불퇴전 보살이 되고, 마침내 일생보처 보살까지 이르게 된다. 시간문제일 뿐이다.

오징어 게임

근래에 유행했던 '오징어 게임'이라는 드라마가 있다. 우리나라는 물론 전 세계적으로 인기를 끌어 엄청난 시청률을 기록했다고 한다. 이 드라마의 내용은 456억의 상금을 걸고 최후의 승자가 독식하는 서바이벌 게임이다. 탈락하는 자는 그 자리에서 바로 죽는, 그야말로 말도 안 되는 게임이지만 빚에 쫓기는 사람들은 실낱같은 희망에 목숨을 걸고 게임에 자원한다. 도대체 누가 왜 이런 게임을 만들었을까? 드라마 중 깐부 할아버지는 이렇게 말한다.

"돈이 없는 사람과 돈이 너무 많은 사람의 공통점은 삶의 재미가 없는 거야."

결국 돈은 많지만, 인생이 지루해진 주최자가 단지 '재미'를 위해서 이러한 서바이벌 게임을 만든 것이다. 하지만 참가한 사람들은 일단 게임에 들어가면 '재미'가 아닌 '죽기 살기'로 임할 수밖에 없다.

인간의 삶도 이와 마찬가지다. 우리는 사바세계라는 가상현실 속에서 아바타 캐릭터를 생성하여 게임을 하고 있는 것이다.

처음에는 단지 생생한 재미를 추구하는 아바타 게임이었지만, 반복하다 보니 어느덧 '죽기 살기'로 몰두하게 되었다. 결국 관찰자와 아바타, 즉 주객(主客)이 전도된 것이다.

중생들은 결코 자기 몸과 마음을 아바타로 인식하지 못한다. 몸과 마음을 자신과 동일시하여 애착한다. 처음에는 그냥 재미삼아 가상현실 속 아바타 게임으로 시작했지만, 계속 몰입하다 보니 어느덧 게임과 진실을 구별하지 못하게 된 것이다. 더구나 어떻게 이 윤회게임에서 벗어날 수 있는지도 까맣게 잊어버렸다. 이제는 나가고 싶어도 나갈 수 없게 된 것이다.

진정 고통에서 벗어나고 싶다면, 먼저 자신이 사바세계라는 가상현실 속에서 윤회게임 중인 아바타라고 알아차려야 한다. 그리고 윤회게임에 지쳐 해탈게임으로 판을 바꾸려면, 사바를 로그아웃하고 극락으로 로그인해야 한다. 그러자면 당연히 패스워드를 입력해야 한다. 그 패스워드는?

"아미타바(Amitābha)."

인과에 어둡지 않을 뿐!

사바세계에서는 깊이 수행하는 이도 다만 인과에 어둡지 않을 뿐이다. 사바(Sahā)는 말 그대로 인고토(忍苦土)이기에 인과의 고통을 묵묵히 견뎌 나갈 따름인 것이다. 심지어 석가모니 부처님도 이를 피할 수는 없었다. 다만 감내할 뿐!

이교도들이 여인을 시켜 석존의 아이를 임신한 것처럼 모함하기도 했으며, 살인을 저질러놓고 뒤집어씌우려고도 했다. 꼬삼비국의 마간디야 왕비는 시정잡배를 동원해 부처님 일행을 일주일 동안 따라다니며 온갖 욕설과 비방을 퍼부었다. 이에 수행자는 모름지기 모든 비방과 욕설을 묵묵히 참고 견뎌야 한다고 법문하셨다.

또한 꼬삼비 비구들이 서로 다투어 화해토록 하였으나, 부처님 훈계조차 듣지 않아 부처님께서는 몇 달간 홀로 숲속에서 지내시기도 했다. 웨란자 바라문이 안거를 초청해 놓고 공양을 올리지 않아 석 달간 말먹이 보리를 드신 적도 있다.

심지어 데와닷따는 자객과 술 취한 코끼리, 그리고 직접, 이렇게 세 번이나 부처님을 살해하려 시도했다. 또한 샤카족의 멸망을 막고자 뙤약볕에 잎사귀가 없는 나무 밑에 앉아있기까지 했으나, 결국은 침통하게 샤카족의 멸망을 지켜봐야 했다.

말년에는 상수제자였던 사리자와 목건련이 먼저 입적하자, 갠지스 강을 바라보며 "두 제자가 없으니 세상이 텅 빈 것 같다."라고 허전함을 토로하셨다.

석존께서도 이렇게 고통을 감내하셨거늘 사바세계에서 그 누가 노·병·사와 시비 다툼, 그리고 재난을 피할 수 있으리오? 사바는 인고토(忍苦土)다. 고통이 없는 곳이 아니다. 고통을 견뎌내는 곳이다. 크게 수행하는 이도 다만 인과에 어둡지 않을 뿐!

> 어리석은 사람은 자신이 할 수 있는 일은 하지 않고
> 할 수 없는 일을 하고자 애쓴다.
> 지혜로운 사람은 자신이 할 수 없는 일은 하지 않고
> 할 수 있는 일에 전념한다.　　　　　　　－『아함경』

꿈속 중생을 제도하려면 그 꿈속으로 들어가거나, 또 다른 꿈속 현실을 창조하여 중생을 이끌어야 한다. 인고토인 사바예토와는 차원이 전혀 다른 가상현실을 창조하여 이를 실천해 낸 분이 바로 48대원을 세워 극락정토를 장엄한 아미타불이다.

이제 그만 윤회에서 벗어나 해탈하기를 원하는 중생은 최상의 드림랜드인 극락정토로 가는 것이 상책이다. 이른바 꿈으로써 꿈을 다스리는 이몽치몽(以夢治夢)의 불국토이기 때문이다.

최소의 투자로 최대의 효과를

'코이'라는 물고기는 작은 어항에 키우면 5~8cm, 큰 수족관에 키우면 15~25cm, 강물에 자연 방류하면 90~120cm까지 자란다고 한다. 같은 물고기인데도 주변 환경에 따라 피라미가 될 수도 있고, 대어가 될 수도 있다. 이 물고기는 성장억제 호르몬 분비가 가능하기 때문에, 스스로 물의 양과 깊이 등을 측정하고 이에 맞추어 성장하는 것이다.

인간 또한 이와 마찬가지로 환경의 영향을 받는다. 똑같은 인간이라도 어떤 환경에서 어떤 교육을 받느냐에 따라 완전히 다른 인격체로 성장할 수 있다. 불교로 비유하자면, 작은 어항은 소승이요, 큰 수족관은 대승이며, 강물이나 바다는 정토라 할 수 있다.

자신의 깨달음에 우선적으로 초점을 맞춘 수행에 전념하여 아라한이 되고자 하는 것이 소승이다. 비유하자면, 작은 어항이라 말할 수 있다. 이와 달리, 나와 남이 더불어 행복한 사회를 만들어 가는 데 초점을 맞추어 보살도를 지향하는 것이 대승불교다. 이는 큰 수족관과 같다.

정토는 본래의 불성을 최대한 발휘할 수 있게 하니, 강물에 방류해 최대한 자랄 수 있는 상황에 비유할 수 있다. 가기만 하면 누구나 아라한이 되고, 불퇴전의 보살이 되며, 일생보처보살이 된다. 살아생전에 이미 탐·진·치가 저절로 쉬어지고, 몸과 마음이 부드럽고 상냥해지며, 기쁨이 가슴에 넘친다.

사바세계는 이분법으로 조성된 예토(穢土)다. 매사에 선과 악, 나와 남, 이익과 손해가 있어 시비 다툼이 쉴 새 없다. 설혹 깨쳤다고 해도 겨우 수영법을 익힌 것과 같아 혼자서 잔잔한 연못을 건널 수는 있지만, 풍파가 몰아치는 고해바다를 건널 수는 없다.

극락세계는 불성인 공(空)으로 장엄된 정토(淨土)다. 아미타불이 만들고 관세음보살과 대세지보살이 이끄는 반야선을 타면 누구나 갈 수 있다. 가기만 하면 공성(空性)의 바다에서 유영하게 된다.

결국 정토 수행은 최소한의 투자로 최대한의 효과를 거두는 방법이다. 아직 업장이 남아있더라도, 지심으로 참회하고, 부처님 명호를 일심불란하게 열 번만 염(念)하면 갈 수 있다니, 얼마나 다행인가?

『아미타경』은 극락정토 가이드북

육도는 모두 가상현실이다. 지옥·아귀·축생·수라·인간·천상은 모두 실체가 없다. 다만 변화하는 현상이 있을 뿐! 하지만 이 세상이 진짜 현실이라고 굳게 믿고 있는 사람은 죽어서도 육도가 진짜 현실로 펼쳐진다. 그래서 윤회의 알고리즘을 도저히 벗어날 수가 없다.

모든 존재는 유명무실! 꿈처럼 실체가 없고 현상이 있을 뿐이다. 심지어 부처님도 몸이나 음성으로 나타나면 아바타인 것이다. 석가세존은 천백억 화신으로 나타나며, 아미타불은 삼십육만 억 아바타로 나타난다. 무려 천백 억과 삼십육만 억이나 되는 화신(化身) 아바타를 나타낸다고 하는 것이다.

장사경잠 선사는 "세상에 법신만 존재한다면, 법당 앞에 잡초가 한 길이나 되리라."라고 말했다. 보신과 화신이 없으면 법신을 알 수가 없다. 법신은 정해진 형상이나 음성이 없다. 보신이나 화신 아바타로 자유롭게 나타날 뿐이다. 이렇게 수많은 아바타로 나타나는 까닭은 다양한 중생을 제도해야 하기 때문이다.

사바예토는 윤회게임 가상현실이다. 2진법인 인과(因果)법으로 설계하였기에 내공 점수에 따라 끊임없이 육도를 오르락내리락해야 한다. 이를 가엾게 여긴 아미타 부처님께서 전혀 새로운 가상현실을 장엄하셨다. 극락정토는 해탈게임 가상현실이다. 애당초 0(공)진법인 해탈(解脫)법으로 설계하였기에 인과를 초월해 누구나 해탈한다.

『아미타경』은 한마디로 '극락정토 가이드북'이다. 극락정토가 어디에 있는지, 어떤 곳인지, 거기에 가려면 어떻게 해야 하는지가 일목요연하게 잘 드러나 있다. 이러한 가이드북을 잘 활용하기 위해서는 신(信)·원(願)·행(行) 세 가지가 필요하다.

첫째는, 아미타불의 극락정토를 믿어야 한다. 지금까지 수많은 사람들이 믿었으며, 수많은 왕생 사례가 전해지고 있다.

둘째는, 그곳에 가서 태어나기를 원해야 한다. 극락정토는 애당초 아미타불의 48대원에 의해 장엄된 곳이다. 그러기에 업으로 태어나는 업생(業生)이 아니라 스스로 원해야 태어나는 원생(願生)인 것이다.

셋째는, 아미타 명상을 닦아야 한다. 계(戒)로써 스승 삼고, 앉으나 서나 오나가나 '아미타불'을 염하는 것이다.

극락정토는 진짜 있을까?

바로 그때 석가모니 부처님이 사리붓다 장로에게 이르셨다.
"여기에서 서쪽으로 십만 억의 불국토를 지나가서 극락세계
있느니라."　　　　　　　　　　　　　　　　　　 - 『아미타경』

극락은 범어 '쑤카바띠 뷰하(Sukhavati vyuha)'에서 온 말이다.
'쑤카바띠'는 '즐거움이 가득함, 극락(極樂)'의 뜻이고, '뷰하'는 '꾸
밈, 장식, 장엄(莊嚴)'의 뜻이다. 극락은 곧 '즐거움만 가득하게
장엄한 곳'이라는 의미다. 『금강경』에서는 설한다.

삼천대천세계는 삼천대천세계가 아니요, 그 이름이 삼천대천
세계다.
장엄은 장엄이 아니요, 그 이름이 장엄이다.

이것은 한마디로 유명무실(有名無實)함을 뜻한다. 명칭이 있
을 뿐, 실체가 없다는 것이다. 그러므로 사바인 삼천대천세계는
가상현실이다. 극락세계도 장엄했다고 표현한 것은 고정된 실체

가 없는 가상현실이라는 의미다.

같은 가상현실이지만, 극락정토와 사바예토는 기본설계가 다르다. 사바세계는 인과법에 의거하여 장엄했지만, 극락세계는 해탈법을 기본으로 장엄하였다. 사바예토에서 윤회의 알고리즘을 벗어나지 못하는 중생들을 위하여 오로지 손쉽게 성불하는 것을 목적으로 장엄한 최상의 메타버스다.

고통이란 일체 없고, 오직 즐거움만 받으므로 극락이라 한다. 늙고 병들고 죽음이 없어서 수명이 무한하다. 무엇이든 생각만 하면 생각대로 이루어지며, 지옥·아귀·축생의 삼악도가 없다. 공부에 퇴보는 없고 오로지 진전만 있다. 불퇴전의 경지는 기본이고, 궁극에는 모두 다 일생보처보살이 된다.

또한 극락정토에 가면 으뜸가는 사람들과 한데 모여 살 수 있다. 관세음보살과 대세지보살은 물론 무수한 대보살들이 선지식이 되어 이끌어 주며, 불보살님들의 경전 직강을 언제나 들을 수 있다. 새벽에는 꽃비가 내리는데, 이를 받아 다른 세계의 부처님들께 돌아다니며 공양을 올려 큰 복덕을 짓게 된다.

극락세계는 여기에서 서쪽으로 10만 억 불국토를 지나야 있는데, 시간으로 계산하면 150억 광년이어서 우주선을 타고 평생 가더라도 도저히 도달할 수 없는 거리다. 하지만 왕생 발원에 의하면 찰나 간에 도달할 수 있다. 즉 자신의 왕생 발원과 아미타 부처님의 가피력이 더해지면 순간 이동할 수 있는 것이다

광명이 한량없는 아미타 부처님

그곳에는 아미타불 계시어서 현재 설법하신다. ─『아미타경』

'아미타'의 범어는 아미타바(Amitābha), 혹은 아미타유스 (Amitāyus)로 표현된다. '아미타바'는 무량광(無量光) 즉 광명이 한 량없다는 뜻이고, '아미타유스'는 무량수(無量壽) 즉 수명이 한량 없다는 뜻이다. 결국 아미타 부처님은 광명이 한량없고, 수명이 한량없는 불사(不死)의 부처님이다.

비로자나불은 부처님의 성품이요, 아미타불은 부처님의 대자 대비하신 마음이며, 석가모니불은 부처님의 화신이다. 비록 법 신인 비로자나불이 진짜 부처님이라고 하지만, 그렇다고 해서 아미타불과 석가모니불을 무시해서도 안 되는 것이다. 석가모니 불이 오시지 않았다면 어찌 아미타불을 알 수 있었으며, 아미타 불의 대자대비가 아니면 법신불이 따로 있다 한들 무슨 소용이 있겠는가?

관정 법사의 『극락세계 유람기』에서는 아미타 부처님을 바라 보는 자신의 모습이 마치 미국에 있는 110층 건물 앞에 선 개미와 같았다고 한다. 단지 아미타불의 발가락 끝만 볼 수 있었으며, 몸이 점점 커진 연후에야 비로소 제대로 볼 수 있었다고 한다.

관정 법사에 의하면, 아미타 부처님께서는 층층이 연화로 쌓였고 천만 색의 빛이 뿜어 나오는 가운데 단정히 앉아 금색 광명 중에 계셨다. 그 상호는 사바세계에서 모신 불상과 같았으며, 온몸이 자금색을 띠고 있었다. 그분의 눈동자는 마치 끝없이 드넓은 망망대해와도 같았다.

아미타 부처님의 설법대 앞에는 수많은 보살들이 계셨는데, 모두 금색 광명을 발하고 있었다. 용모는 장엄하면서 단정하였고, 모두 똑같이 30세가량의 남자로서 노인이나 여인, 또는 어린 이는 찾아볼 수가 없었다.

구품연화를 돌아본 뒤 법을 청하니, 아미타 부처님께서 신중하게 말씀하셨다.

"중생의 불성은 한결같이 평등한데, 의식이 뒤바뀌어 환상을 진실로 여기고, 인연 과보로 인하여 육도사생의 윤회가 끊이지 않아 그 고통은 이루 말할 수 없다. 사십팔원 가운데는 중생을 제도하는 서원이 있으니, 남녀노소 누구나 믿고 원하고 행하여 일심불란하게 염불하면 그것이 곧 정토선이며, 십념이 왕생을 결정하는 것이니라."

진공묘유로 설계된 최상의 메타버스

사리자여, 그 세계를 어찌하여 극락이라 부르는가? 그 나라의
중생들은 고통이란 일체 없고, 다만 모든 즐거움만 받으므로
극락이라 하느니라.　　　　　　　　　　　　 －『아미타경』

　같은 가상현실이지만, 극락정토는 사바예토와는 기본법칙이
다르다. 인과법에 의거하여 만들지 않았으며, 해탈법을 기본으
로 설계되었다. 사바예토에서 윤회의 알고리즘을 벗어나지 못하
는 중생들을 위하여 오로지 손쉽게 성불하는 것을 목적으로 장
엄한 최상의 메타버스다. 한마디로 극락정토는 인과법칙을 벗어
난 진공묘유의 가상현실이기에 인과에 떨어지지 않는 것이다.
　흔히 말하는 천국과 불교의 극락은 다르다.
　첫째, 사바세계의 천당은 이분법으로 만들어졌다. 천당과 지
옥, 삼선도와 삼악도, 정신과 육신, 탄생과 죽음의 상대적 개념
이 공존한다. 이런 경우는 반드시 윤회한다. 결코 인과를 벗어날
수 없으며, 천국에 태어나는 것 또한 윤회게임의 일부다. 반면에
극락은 진공묘유에 입각해 공(空)진법으로 만들어져 인과를 초

월했으며, 처음부터 끝까지 해탈게임이다.

둘째, 천국에 태어나는 몸은 2진법에 입각한 분별덩어리 아바타다. 반면에 극락에 화생(化生)하는 몸은 공(0)진법에 바탕을 둔 자유로운 아바타다. 불성이 있는 것은 모두 평등하기에 연화에 화생한 중생은 주재하는 보살에 따라 10대, 20대, 30대 등의 똑같은 몸으로 나타난다. 하지만 남녀·노소·장단(長短)을 초월하여 자유롭게 변화할 수 있는 것이다.

셋째, 다른 종교에서는 천국에 태어나는 것으로 최종목적을 삼는다. 하지만 천상에 태어나 제대로 수행하지 않고 눈앞의 즐거움만 찾기에 삼계윤회를 벗어나지 못하며 복이 다하면 추락한다. 반면에 극락에 태어나는 것은 성불에 이르는 과정이다. 그곳에서 아라한이 되고, 불퇴전의 경지에 이르며, 일생보처보살에 이르러 최종적으로 성불하게 된다. 결국 극락은 항상 즐거운 마음으로 공부할 수 있는 성불학교인 것이다.

팔공덕수 가득한 극락정토

다시 또한 사리자여, 극락에는 일곱 겹의 난간들과 일곱 겹의
보배그물, 일곱 겹의 가로수가 줄지었고, 네 가지의 보배들로
이루어져 온 나라에 두루하여 극락이라 하느니라.
사리자여, 극락에는 칠보로 된 연못 있어, 그 가운데 팔공덕수
그득하다. 바닥에는 금모래가 깔려있고, 연못 둘레 사방 계단
금·은·유리·수정들로 되어 있다. 그 위에는 누각 우뚝 서 있
는데, 금·은·유리·수정·자거·진주·마노로 장엄되어 있느니
라.   —『아미타경』

길가의 난간이 금줄이요, 보배그물이 덮여 있고, 일곱 겹의
가로수가 줄지었다는 것은, 모든 상황이 말할 수 없이 풍요롭다
는 뜻이다. 금·은·유리·수정 등 네 가지의 보배가 지천에 깔려
있어도 아무도 탐을 내는 이가 없다.
또한 극락에 태어나는 몸은 육신과 정신을 초월한 자유로운
성품의 아바타이기 때문에 특별히 먹거나 입거나 재워줄 필요가
없다. 생각만 하면 생각대로 이루어지기 때문에 돈도 필요 없고,

일을 할 필요도 없으며, 보배 또한 필요가 없는 것이다.

　팔공덕수는 여덟 가지 훌륭한 공덕이 있는 물이다. 맑고, 차고, 달고, 경쾌하고, 윤택하고, 편안하며, 기갈을 제거하고, 육근이 건강해진다. 또한 이 물에 들어가서 씻으면 업장이 점차로 제거되고 망념이 사라지게 되며, 연못은 사바세계의 연못과는 달라서 물에 들어가도 옷이 젖지 않는다.

　『무량수경』에서는 다음과 같이 설하고 있다.

　"그 연못에서 목욕하면 정신이 맑아지고 온몸이 상쾌해지며 마음의 때까지 말끔히 씻어진다. 또한 그 물은 너무나 맑고 투명하여 물이 없는 것처럼 보이고, 보배로 된 못 바닥의 모래는 훤히 드러나 매우 깊은 곳도 밝게 빛나게 있느니라.
　연못의 물결은 굽이치고 합해지며 빠르지도 느리지도 않게 잔잔히 흐르면서 미묘한 소리를 저절로 일으키니, 듣고자 하는 대로 모든 소리를 다 들을 수 있느니라."

　극락의 연못에 들어가는 이가 물이 발까지 잠기기를 원하면 물은 곧 발을 적시고, 물이 무릎까지 이르기를 원하면 물은 곧 무릎에 이르며, 허리까지 잠기기를 원하면 허리까지, 목까지 잠기기를 원하면 목까지, 온몸을 적시기를 원하면 온몸을 적셔준다.

　물이 다시 원래대로 돌아가기를 원하면 곧 원상태로 돌아가며, 물의 차고 따뜻함도 바라는 대로 이루어진다.

연꽃으로 장엄된 극락정토

연못에는 수레바퀴 같은 연꽃 피었는데, 푸른 연꽃 푸른 광채 빛이 나고, 금빛 연꽃 금빛 광채 빛이 나며, 붉은 연꽃 붉은 광채 빛이 나고, 하얀 연꽃 하얀 광채 빛나는데, 미묘하고 향기롭고 정결하기 짝이 없다. 사리자여, 극락세계 이와 같은 공덕으로 장엄하고 있느니라.　　　　　　　　　　　-『아미타경』

극락세계에는 수레바퀴 같은 연꽃들이 피었는데, 대표적으로 청색·황금색·적색·백색의 연꽃들이 있다. 진실한 수행자에게는 임종 시에 아미타 부처님과 금빛 연꽃[金蓮華]이 나타나 순식간에 극락정토로 태워 간다.

『무량수경』에서는 다음과 같이 설하고 있다.

"인과를 믿고 대승을 비방하지 않으며 무상도심을 일으킨 수행자가 수명이 다하면, 아미타불께서 관세음보살·대세지보살을 비롯한 권속들과 함께 5백 아바타로 나타나 그를 영접한다. 그때 5백 아바타 부처님은 일시에 손을 내밀며 찬탄한다.

'법의 아들이여, 그대가 청정한 무상도심을 일으켰기에 지금 영접하러 왔노라.'

수행자는 이 말을 들음과 동시에 자신이 금빛 연꽃에 앉은 모습을 보게 되며, 앉자마자 연꽃잎이 닫히고, 부처님의 뒤를 따라 곧바로 극락의 칠보연못 가운데 태어난다."

최근 금련결사에 동참하고 여산 동림사를 참배했던 어떤 불자님 앞에 아미타 부처님께서 찬란한 광명을 보여주시면서, "보아라, 네가 피운 연꽃이 이렇게 더욱 커지고 영롱하고 생생하게 피어나고 있단다."라고 말씀하셨다. 기도하고 수행하다 보면 위와 같은 신이한 체험을 하기 마련이다. 체험하지 못한 사람들은 경전 속의 내용을 그러려니 하면서 환상처럼 느낄 수 있으나, 체험을 한 사람들은 모두 알 수 있다. 경전 말씀이 다 진실이며 진리인 것을….

시공을 초월한 극락 세계

『무량수경』에서는 극락세계의 식사에 대하여 다음과 같이 설하고 있다.

"만약 음식을 먹고 싶을 때는 칠보로 된 그릇이 저절로 앞에 나타나되, 금·은·유리·자거·마노·산호·호박·명월주·진주 등의 그릇에 백 가지 맛의 음식들이 원하는 대로 가득 담겨 있느니라. 그러나 앞에 나타나는 이 음식들을 실제로 먹는 이는 없나니, 다만 빛깔을 보고 향기를 맡으면 먹었다는 생각이 들고 저절로 배가 부르게 되느니라. 그리고 몸과 마음이 경쾌하고 유연해져서 맛에 집착하지 않으며, 식사를 마치면 그릇과 음식들이 사라지고, 먹고 싶을 때가 되면 다시 나타나느니라."

사바세계에서 극락정토까지의 거리는 십만 억 불국토를 지나서 있는 먼 거리라고 하였는데, 어떻게 아침마다 아름다운 꽃을 담아 다른 세계를 다니면서 십만 억의 부처님께 공양하고 본국으로 돌아와서 식사하고 산책할 수 있을까?

한마디로 순간이동이다. 십만 억 불국토는 도저히 상상할 수 없는 거리겠지만, 자성은 동일하며 허공은 막힘이 없으므로 눈 깜짝할 순간에도 바로 시방세계 십만 억의 불국토에 가서 부처님들께 공양할 수 있다고 하는 것이다.

가령 인터넷에 접속하면, 지금 이 순간에도 미국이나 인도 혹은 유럽 어느 나라든 잠깐 사이에 찾아 들어갈 수 있는 것과 마찬가지다. 인터넷으로 국제적인 쇼핑과 결제도 금방 할 수 있지 않는가?

극락 중생은 불사(不死)의 몸

"저 불국토에 왕생하는 이는 누구나 청정한 몸과 아름답고 묘한 음성, 신통력과 공덕을 갖추게 된다. 그들이 살아가는 데 필요한 궁전과 의복과 음식, 미묘한 꽃과 향과 장엄구들이 갖추어지는 것은 타화자재천에서 모든 것이 생각하는 대로 저절로 갖추어지는 것과 같으니라⋯.

저 불국토의 청정함과 안온함과 미묘함과 상쾌함은 무위열반의 경지에 버금가느니라. 그곳에 있는 모든 대중은 지혜가 매우 밝고 신통력이 자재하며, 모두가 한결같은 모습을 하고 있어 다르게 생긴 이가 없느니라. 다만 다른 세상에서 불렀던 이름에 따라 천신과 인간의 이름이 있을 뿐, 그들의 얼굴과 용모는 뛰어나게 훌륭하여 이 세상의 천신이나 인간들과는 비교도 되지 않는다. 모두가 자연스럽고 투명한 몸이요, 한계가 없는 몸을 가지고 있느니라."   -『무량수경』

극락 중생은 사바세계의 천신이나 인간들과 비교도 되지 않는 용모를 지니고 있다. 수명이 한량없어 결코 죽지 않는 불사

(不死)의 몸이다. 자연스럽고 투명하며 한계가 없어서, 구품극락 각각을 주재하는 보살에 따라 동일한 몸을 갖추게 된다. 주재하는 보살이 남자로 변하면 모두 남자로 변하며, 여자로 변하면 모두 여자로 변한다. 또한 하품극락 중생은 10대 후반, 중품극락 중생은 20대 중반, 상품극락 중생은 30대 초반의 몸으로 나타난다. 그러나 자신의 생각에 따라 얼마든지 변할 수도 있다.

세자재왕불께서는 법장 비구를 위하여 210억 불국토를 자세히 일러주시고 낱낱이 보여주셨다. 법장 비구는 210억이나 되는 부처님들의 미묘한 불국토를 이룩하게 된 청정한 수행법을 모두 닦은 후, 세자재왕불의 처소로 나아가 48대원을 세웠다. 그 후 5 겁 동안 부지런히 수행하였으며, 마침내 지금으로부터 10겁 전에 성불해 아미타불이 된 것이다.

극락에는 정원이 한량없다

"사리자여, 그 부처님 한량없고 끝이 없는 성문 제자 있지마는 모두가 다 아라한과 이루었다. 그들 숫자 산수로는 알 수 없고, 모든 보살 또한 다시 그러하다. 사리자여, 극락세계 이와 같은 공덕으로 장엄하고 있느니라.

다시 또한 사리자여, 극락세계 태어나는 중생들은 불퇴전의 보살 지위 성취했고, 그 가운데 많은 사람 일생보처 이뤘으며, 그 수효가 너무 많아 산수로는 알 수 없고 무량무변 아승지라 말하니라."

–『아미타경』

극락중생은 모두가 다 아라한과를 이루며, 불퇴전의 보살이 되고, 일생보처보살까지 순탄히 전진한다. 불퇴전이란 후퇴하지 않는다는 뜻이다. 다시는 삼악도나 이승의 경지에 떨어지지 않으며, 부처의 열매를 맺는 것이 결정되어 있다.

일생보처란 보살의 최고경지인 등각(等覺)을 가리킨다. 예컨 대 미륵보살을 일생보처보살이라 부른다. 미륵보살은 지금 도솔 천에 계시는데, 그 일생이 끝나면 인간계에 하생하여 석존의 불처(佛處)를 도와야 할 보살이기 때문이다.

극락세계는 정원이 무한대다. 아라한, 불퇴전보살, 일생보처
보살의 숫자는 한량없고 끝이 없어 산수로는 알 수 없고 무량무
변 아승지라 일컫는다. 아승지는 수로 표현할 수 없는 가장 많은
수, 또는 그런 시간을 말한다.

극락세계는 본래 아미타불의 원력으로 이루어졌기에 물질이
아니다. 정자·누각·궁전·탑이나 산과 물·화초와 수목을 비롯
한 모든 것이 투명하다. 그 어떤 것도 물질이 아니기 때문에 아
무 장애 없이 자유로이 통과할 수 있는 것이다. 그러므로 공간은
무한대이며, 정원도 한량없다.

발원을 통해 아미타불과 주파수를 맞춰야 한다

"사리자여, 이 말 들은 중생들은 저 나라에 가서 나기 발원해야 하느니라. 왜냐하면 거기 가면 으뜸가는 사람들과 한데 모여 살 수 있기 때문이다. 사리자여, 조그마한 선근 복덕 인연으론 저 세계에 태어날 수 없느니라." —『아미타경』

네이버 블로그, '원아결정생안양'에서는 기독교인 어머니가 7일 만에 염불삼매에 들게 된 내용을 소개하고 있다. 간략히 전하면 다음과 같다.

그녀의 팔순이 넘은 어머니는 30년 넘게 교회에 다닌 독실한 기독교 신자였다고 한다. 그런데 말년에 딸에게 염불삼매를 배워 열심히 연습했다고 한다. 아침에 눈을 뜨면 '아미타불' 소리로 일어나고, '아미타불'을 염하면서 주무셨단다.
염불한 지 7일이 되었을 때, 너무 좋다면서 아래와 같이 말씀하셨다고 한다.
"내가 오늘 아침 엎드려 기도하는데, 갑자기 벽이 사라지며 침대 밑에 물이 보였단다. 깜짝 놀라 눈떠 앉아보니, 안방은 분명히 안방이고 침대 위인데, 너무 멋있는 건물과 궁전이 있고, 땅이 온통 금이고, 온통 건물이 번쩍번쩍하고, 맑은 물속에 금모래가 깔려 있었어. 물이 너무 맑아서 금모래가 다 보이더라. 꽃은 정말 예뻤단다. 휘황찬란하고 멋있었어. 전부 다 보석이야, 보석으로 되어 있었어.

감탄하고 있는데, 저쪽에서 하얗고 긴 예쁜 옷을 입은 여러 사람들 중 세 사람이 오더니 그중 한 사람이 나한테 가까이 와서 묻더라.

'당신은 이제 이곳에 와서 살 수 있게 되었습니다. 이곳에 와서 살고 싶으신가요?'

'오, 정말요? 제가 여기 와서 살아도 되나요?'

'네, 그렇습니다. 여기 와서 사시겠습니까?'

'네, 살 수만 있다면 여기 와서 살고 싶어요.'

'네, 알겠습니다.'라고 하고는 그 사람은 다시 본래 온 곳으로 돌아가더라."라는 얘기를 어머니가 말씀했다고 한다.

자기 어머니 이야기를 블로그에 소개한 그녀의 말에 의하면, 『정토삼부경』이 뭔지도 모르는 어머니가 극락 풍경을, 경전의 내용 그대로 말씀하셨다는 것이다. 이렇듯 신기한 일은 여러 사람들이 증언하고 있다. 염불삼매에 들면 극락정토의 모습이 그림을 그려놓은 듯이 또렷이 보인다고 한다. 그러한 체험을 한 분들

은 신심이 더욱 증장되어 염불의 끈을 놓지 않아 마침내 극락왕
생하게 될 것이다.

그런데 이 어머니의 경우에는 기독교 신자였기 때문에 극락
에 대한 믿음이나 학습한 바가 없어서 염불을 열심히 하면서도
정작 극락왕생 발원은 하지 않았던 것이다. 그런 것을 안타까이
여기고, 직접 와서 물어보고 확답을 듣고 가셨다는 것이다. 참으
로 자비로운 아미타 부처님, 염불삼매의 가피가 얼마나 큰지 알
수 있는 현대판 영험담이다.

망자에게 가장 좋은 일

"선남자와 선여인이 아미타불 설함 듣고 그 명호를 굳게 지녀 하루 이틀, 사흘 나흘, 닷새 엿새, 이레 동안 일심불란하게 되면, 그 사람이 임종할 때 아미타 부처님과 여러 성중 나타나서 아미타불 극락정토 왕생하게 될 것이다." ─『아미타경』

일심불란하게 열 번만 '아미타불'을 염하면 극락에 갈 수 있다고 하니, 대충 살다가 죽을 때 염불만 잘하면 된다고 생각할 수도 있다. 과연 그럴까?

보정 서길수 편저, 『극락 간 사람들』에 따르면, 해인사에서 출가하여 제방선원에서 선을 익히고 교를 배워 『금강경 간정기』·『선문단련설』·『죽창수필』과 같은 걸출한 책들을 번역 출간한 연관 큰스님도 막상 임종이 닥쳐오니 염불이 되지 않았다고 한다.

"연관 스님은 입을 벌리고 "아~아~" 이러고 있었는데, 그 순간에 '아미타불' 소리는 안 나오지만, 의식이 있었다. 주변에서 조념(助念) 염불을 하니 5분 내지 10분 동안 계속 연관 스님 입이 따라서 염불하다가 숨이 멎었다."

봉암사를 비롯한 제방선원에서 다년간 정진하고, 수행에 관한 걸출한 책들을 번역 출간해 낸 큰스님도 임종 직전에 '아미타불' 십념이 쉽지 않았다고 한다. 일반인들이야 말할 것이 있으랴? 그러니 평상시에 꾸준히 연습해 둘 필요가 있다. 앉으나 서나, 오나가나, 자나 깨나 연습해야 임종이 닥쳐도 '아미타불'이 저절로 나올 수 있는 것이다.

또한 조념 염불의 중요성도 알 수 있다. 임종 직전이나 장례식장에서 울고불고하는 것은 망자에게 아무 소용이 없을뿐더러 오히려 방해가 될 수 있다. 『아미타경』을 읽고 아미타 염불을 해주는 것이 망자에게 가장 큰 도움이 된다.

현재는 영가천도를 위해서 대부분 『금강경』을 독경해 주고 있지만, 과거에는 『원각경』이나 『아미타경』을 독경하였다. 규봉종밀 선사가 어느 신도의 재(齋)에 초대를 받아 독경하는데, 『원각경』이었다. 경전을 받아 들고 겨우 두어 쪽을 읽었을 때, 자신도 모르게 몸과 마음이 쇄락하고 경쾌하며 깨달음을 얻었다. 그래서 특히 『원각경』의 연구에 많은 힘을 기울였다.

『금강경』은 모든 형상은 형상이 아님(諸相非相)을 설하고, 『아미타경』은 형상으로 형상을 치유함(以相治相)을 설하며, 『원각경』은 아바타로 아바타를 다스림(以幻治幻)을 설한다. 영가는 이미 고정된 상(相)이 있다. 과연 영가에게 어느 경이 더 유효할까?

아미타 명상의 효능

"사리자여, 어찌하여 이 경전을 '일체 모든 부처님이 보호하고
챙겨주는 경전'이라 말하는가?
사리자여, 선남자와 선여인이 이 경전을 듣고 받아 지니거나,
제불 명호 들은 이는 일체 모든 부처님이 보호하고 챙겨주어
최상 가는 깨달음서 물러나지 않게 된다. 그러므로 사리자여,
그대들은 나의 말과 모든 부처 말씀하심 믿고 받아 지녀야만
하느니라."
                                                    —『아미타경』

어떤 이들은 죽음 이후에 대해서 아예 생각조차 꺼리는 경우
도 있다. 지금 살기도 바쁜데 죽음에 대해 생각하면 뭐하겠느냐
는 것이다. 하지만 삶과 죽음은 동전의 양면과 같아서 결코 둘이
아니다.

극락왕생에 대한 믿음이 강해지면 죽음에 대한 공포심이 자
연히 줄어든다. 죽으면 훨씬 더 좋은 곳으로 간다고 확신하니 말
이다. 또한 삶에 대한 애착까지 줄어든다. 그토록 다스리기 어려
운 애착과 욕심이 저절로 줄어든다. 이 세상 사람들의 고통은 대

부분 애착과 욕심에서 빚어지는 것인데 애착과 욕심이 줄어드니 온갖 고통에서 벗어날 수 있게 되는 것이다.

이처럼 아미타 명상의 효능은 죽음에만 해당이 되는 게 아니다. 오히려 삶을 윤택하고 행복하게 해 준다. 매사 긍정적으로 활기차게 살아갈 힘이 되어 준다. 아미타 명상의 대표적인 효능 일곱 가지는 다음과 같다.

① 모든 부처님께서 호념(護念)하신다.
② 삼독이 자연히 소멸한다.
③ 몸과 마음이 부드럽고 상냥해진다.
④ 기쁨이 가슴에 넘친다.
⑤ 진리를 구하는 마음이 솟아난다.
⑥ 내생이 기대된다.
⑦ 죽으면 극락에 태어나 수명과 광명이 무량하다.

위에 열거한 일곱 가지 가운데 여섯 가지는 살아서 체험하는 것이다. 모르는 사람은 손에 쥐어 주어도 모른다고 한다. 아미타 명상에 대해 아무리 일러주어도 받아들여 실천하는 것은 오로지 독자의 몫이다.

인류를 극락정토로 보내는 일에 이바지하리라

"사리자여, 내가 지금 여러 부처 불가사의 공덕 지음 찬탄하듯, 부처님들 또한 나의 불가사의 공덕 지음 찬탄하고 계시니라. '석가모니 부처님이 진정으로 어렵고도 희유한 일 하시노라. 사바세계 오탁악세, 그 시대가 혼탁하고, 견해·번뇌, 중생·수명, 혼탁하기 짝이 없는 가운데서 최상 가는 깨달음을 얻으시고, 중생들을 위하여서 일체 세간 믿기 힘든 이 법문을 설하신다.' 하시니라. 사리자여, 응당 알라. 이 여래가 오탁악세 가운데서 어려운 일 행하여서 최상 가는 깨침 얻고 일체 세간 위하여서 믿기 힘든 이 법문을 설하기는 어렵기가 짝이 없는 일이니라."   –『아미타경』

정토 법문은 지극히 믿기 어려운 법문이다. 부처님께서는『무량수경』에서도 "이 경전을 듣고서 믿고 좋아하며 수지하기는 어려운 것 중에서 어려우니, 이보다 더 어려운 것은 세상에 없느니라."라고 말씀하셨다.

왜 그럴까? 극락정토를 직접 보고 듣기 어렵기 때문이다. 하지만 자신이 직접 눈으로 보고 귀로 듣는 것만 믿는 사람은 아직도 천동설을 믿는 사람과 다를 바 없다. 지구의 공전과 자전을 직접 보고 들은 사람은 없다. 태양계 밖에 나가야 볼 수 있기 때문이다. 그럼에도 지구상 대다수의 사람들이 지동설을 믿고 있다. 왜 그런가? 과학자의 말을 믿기 때문이다. 과학자의 말을 믿는 것처럼 부처님의 말씀을 믿어야 한다.

부처님께서는 이 세상이 허공의 꽃과 같고 바다의 물거품과 같은 가상현실이라고 설하셨다. 극락정토를 제대로 믿기 위해서는 일단 이 말씀을 믿어야 한다. 가상현실은 상상하는 대로 얼마든지 있을 수 있기 때문이다.

미 항공 우주국(NASA)에서 일하는 어떤 청소부는 항상 즐거운 모습이었다. 맨날 화장실이나 치우고 휴지통이나 비우는 사람이 뭐가 그리 즐거운지 궁금해서 사람들이 물으니, 자랑스럽게 답했다고 한다.

"저는 인류를 달에 보내는 일에 기여하고 있습니다."

믿기 어려운 정토 법문을 전해 주어 믿게 하는 것은 정말 보람 있는 일이다. 많은 사람들을 대상으로 육바라밀을 닦는 것보다 한 사람을 극락정토로 보내는 것이 훨씬 더 값지다. 누군가 요즘 무슨 일을 하느냐고 묻는다면, 필자는 이렇게 답하리라.

"저는 인류를 극락정토로 보내는 일에 이바지하고 있습니다."

2장

원하자(願): 극락정토에 가서 나기를!

『법화경』의 극락왕생 발원

대승불교의 꽃인 『법화경』의 핵심은 「관세음보살보문품」이다. 그런데 한역 『법화경』 「관세음보살보문품」의 끝부분에는 산스끄리뜨본 원문에서 누락된 부분이 있다.

보정 서길수 거사는 『염불법문』에서 이 대목을 다음과 같이 보충하고 있다.

<한역 번역본 보문품에서 빠진 부분>

19. 이와 같이 인간 세상 슬퍼 여기사
    오는 세상 부처님 되실 것이니
    온갖 고통 없애주는 관음보살께
    목숨 다해 진심으로 절하옵니다.

20. 세자재왕 스승 삼은 법장 비구는
    세상 사람 모든 공양 받으시옵고
    한량없는 오랜 겁을 닦고 행하여

높은 진리 바른 깨침 이루시었네.

21. 관음보살 대자비의 거룩한 스승
    아미타불 왼쪽이나 오른쪽에서
    아미타불 도우시며 여환삼매로
    온갖 국토 부처님을 공양하시네.

22. 서방에 극락이란 정토 있나니
    그곳에는 중생들의 인도자이신
    아미타 부처님이 설법하시며
    모든 중생 구원하며 살고 계시네.

23. 극락세계 그곳에는 남녀 간의 정욕 없으니
    불자들은 아름다운 서방정토 화생하여서
    맑고도 깨끗하온 연화대에 앉게 되도다.

24. 거룩하온 아미타 부처님께선
    깨끗하고 영묘한 연꽃봉오리
    사자좌 높은 곳에 앉아계시니
    샤알라 나무처럼 빛나시도다.

25. 또한 다시 이 세계의 스승께서는

삼계에선 비할 데 본래 없으니
나도 이제 그 공덕장 찬미하옵고
어서 빨리 거룩하고 자비하신 관세음처럼
가장 높은 공덕 짓는 이가 되려 합니다.

　그 내용은 먼저 관세음보살님께 귀의하고, 아미타불의 전신
인 법장 비구를 찬탄한다. 나아가 관음보살이 아미타불의 좌우
보처가 되어 여환삼매(如幻三昧)로 온갖 부처님께 공양하심을 찬
탄하고 있다. 여환삼매란 아바타 명상을 말한다.
　또한 서방정토 아미타불과 연화대에 화생한 극락중생을 찬탄
하며, 자신도 관세음보살처럼 공덕을 짓고자 발원하고 있는 것
이다.
　『법화경』「관세음보살보문품」의 결론은 우리도 관세음보살과
같이 중생들을 아미타불의 극락정토로 열심히 이끌어 주어야 한
다는 것이다.

법장 비구 48대원

그때 법장 비구는 이백 십 억 불국토의 청정한 수행법을 선택하여 그와 같이 수행하고, 다시 세자재왕 부처님의 처소에 나아가 부처님의 발아래 머리를 조아리고 부처님을 세 번 돌고 합장하며 부처님께 사뢰었다.

"세존이시여, 저는 이미 불국토를 장엄할 청정한 수행을 갖추어 지녔습니다."

이에 세자재왕 부처님이 법장 비구에게 이르셨다.

"법장 비구여, 이제 그대가 대중들에게 그대의 서원과 수행을 널리 알려서 그들로 하여금 보리심을 일으키게 하고 그들의 마음을 기쁘게 할 좋은 기회이니라. 보살들은 이를 듣고 불국토를 이룩할 무량한 큰 원행을 성취하게 될 것이다."

법장 비구가 다시 부처님께 사뢰었다.

"세존이시여, 들어주십시오. 제가 세운 바 마흔여덟 가지의 서원을 자세히 아뢰어 말씀드리겠습니다."　　　　　－『무량수경』

제1~2원: 극락에는 삼악도가 없기를 발원

제3~11원: 중생들이 평등하게 육신통을 얻기를 발원

제12~13원: 아미타불의 광명과 수명이 한량없기를 발원

제14~16원: 중생의 수효와 수명이 한량없기를 발원

제17원: 모든 부처님들이 아미타불을 찬탄하기를 발원

제18~22원: 아미타불의 이름을 열 번만 불러도 극락에 태어나고, 모두 일생보처에 이르기를 발원

제23~30원: 극락의 보살들이 신통과 변재 및 지혜가 한량없기를 발원

제31~32원: 극락의 불국토가 한없이 청정하여 세계를 낱낱이 비쳐 볼 수 있으며, 또한 일체 만물의 향기를 맡고 부처님의 행을 닦기를 발원

제33~36원: 아미타불의 광명에 접하거나 이름을 듣는 이는 모두 몸과 마음이 뜻한 대로 되어 필경에 성불하기를 발원

제37~42원: 중생들이 무엇이든 생각만 하면 생각대로 이루어지고, 모두 청정한 해탈삼매를 얻기를 발원

제43~48원: 극락과 다른 세계의 보살들이 아미타불의 이름만 듣고도 무생법인(無生法忍)을 성취하고, 불퇴전의 자리에 이르기를 발원

이상 48대원 가운데 특히 중요한 제18원은 다음과 같다.

"제가 부처가 될 때, 시방의 중생들이 지극한 마음으로 믿고 즐거워하면서 저의 불국토에 태어나고자 십념(十念)을 하였음

에도 극락에 태어나지 못한다면, 저는 부처가 되지 않겠습니다. 다만 오역죄를 범하고 정법을 비방한 자는 제외합니다."

십념(十念), 즉 아미타불의 이름을 열 번만 염하여도 극락정토에 태어난다는 것이다. 이보다 더 쉬울 수는 없다. 다만 오역죄를 범하고 정법을 비방한 자는 제외된다. 오역죄는 아버지나 어머니를 죽이고, 아라한을 죽이거나, 부처님 몸에 피를 내거나, 대중의 화합을 깨뜨리는 것이다. 또한 정법은 대승의 가르침을 말한다.

결국 십념으로 정토선을 닦으며, 서로 돕고 사랑하는 것이 불교의 근본이라고 하는 것이다.

대세지보살의 염불 원통

대세지 법왕자가 그 무리 52보살과 함께 자리에서 일어나 부처님의 발에 정례하고 사뢰었다.

"제가 생각건대 지나간 옛적 항하사 겁 전에 부처님이 세상에 나시니 이름이 '무량광'이시며, 12여래가 일 겁 동안에 계속하여 나셨는데, 그 최후 부처님이 '초일월광(超日月光)'이라. 그 부처님이 저에게 염불삼매를 가르치셨습니다.

'마치 한 사람은 전념해 생각하나 한 사람은 온전히 잊는다면 이 두 사람은 만나도 만나지 못하고 보아도 보지 못하려니와, 두 사람이 서로 생각함이 간절하면 이생에서 저 생에 이르도록 형상에 그림자가 따르듯이 서로 어긋나지 아니하리라.

시방의 여래가 중생을 생각하는 것이 어미가 자식 생각하듯 하건마는, 만일 자식이 도망가 버리면 생각한들 무엇 하겠느냐? 자식이 어미 생각하기를 어미가 자식 생각하듯 한다면, 어미와 자식이 여러 생을 지내도록 어긋나지 아니하리라…'

저는 인지(因地)에서 염불하는 마음으로 무생법인(無生法忍)에 들어갔고, 지금도 이 세계에서 염불하는 사람을 섭수하여 정토에 가게 하나이다."   -『능엄경』「염불원통장」

　경전 말씀을 읽다 보면, 중생들을 진리로 이끌어 주기 위해 얼마나 구구절절 자상하게 말씀해 주셨는지 감동하지 않을 수 없다. 부처님께서는 『능엄경』에서 어머니가 아들을 생각하듯이 아들이 어머니를 생각한다면, 그림자가 따르듯이 여러 생 동안 서로 만나게 된다고 하셨다. 이처럼 부처님이 중생을 생각하듯이 중생이 부처님을 생각하고 간절히 염한다면, 당연히 부처님을 만날 수 있을 것이다.

　눈으로는 부처님 모습을 관조하고, 귀로는 부처님 명호를 듣고, 코로는 향기를 맡고, 혀로는 부처님 명호를 부르고, 몸으로는 부처님 형상을 흉내 내고, 뜻으로는 부처님을 염(念)하는 것이 진정한 염불 원통이다.

마명 보살의 육자(六字) 염불

마명 보살(1~2세기경)은 중인도 마가다국 사람으로 불멸 후 6백 년경에 출세한 대승의 논사이다. 본래 외도의 집에 태어나서 논의를 잘하였으며 불법을 헐뜯었으나, 협존자와 토론을 벌여 설득당하고 그의 제자가 되었다.

그 뒤로 중인도에서 전도하다 카니시카왕이 중인도를 정복했을 때 배상금을 대신해 마명을 데리고 갔다. 북쪽의 월지국으로 들어가 임금의 보호를 받으며 불교를 홍포하여 그를 대승불교의 시조라 한다. 마명 보살은 『대승기신론』에서 다음과 같이 설한다.

"여래께서는 수승한 방편이 있으셔서 신심을 거두어 주시나니, 이른바 온전히 한결같은 뜻으로 염불한 인연으로 타방 불토에 태어나서 항상 부처님을 뵙고 영원히 악도를 여의기를 원하는 일이니라.

경전에 설하되, '어떤 사람이 서방 극락세계의 아미타불을 온전히 염하여 닦은 선근을 회향해서 그 나라에 태어나기를 원하면, 곧 왕생함을 얻으리라.' 하신 것과 같으니라. 항상 부처님을 뽑는 까닭에 마침내 물러남이 없거니와, 만일 그 부처님의 진여 법신을 관해서 항상 부지런히 닦아 익히면 필경에 왕생하여 정정취에 머무르기 때문이니라."

『대승기신론』의 핵심은 일심(一心)·이문(二門)·삼대(三大)·사신(四信)·오행(五行)·육자(六字)로 설명된다.

본래 한마음에서 진여와 생멸의 문이 열렸다. 생멸하는 것은 몸과 마음이요, 여여(如如)한 것은 성품이다. 본래 일심으로 돌아가기 위해서는 네 가지 믿음(불·법·승·진여)을 갖고, 다섯 바라밀행을 닦아야 한다. 하지만 이것은 중생들에게 너무나 멀고도 어려운 길이다. 가장 쉽고 빠른 길은 육자염불인 '나무아미타불'이다.

염불은 방편이요, 참선이 진실이다. 하지만 방편이 없는 진실은 속박이요, 방편이 있는 진실이 해탈이다. 이른바 중생에게는 눈높이 학습이 필수다. 알고 보면, 중생도 아바타요, 부처도 아바타다. 석가모니불은 천백 억의 몸으로 나타나는 아바타요, 아미타불은 삼백육십 만억의 광명과 음성으로 나타나는 아바타다. 아바타로 아바타를 치유하는 이환치환(以幻治幻)이요, 형상으로 형상을 다스리는 이상치상(以相治相)인 것이다.

용수 보살의 '쉬운 길'

용수 보살(2~3세기경)은 어려서부터 총명하여 일찍이 모든 학문에 능통하였다. 젊어서는 인생의 즐거움은 욕망을 채우는 데 있다고 생각하여 두 친구와 함께 주색에 탐닉하였다. 때때로 왕궁에 출입하면서 궁녀들과 사통하다 탄로가 나서 두 친구는 죽고, 그는 간신히 죽음을 면하였다.

이에 쾌락은 괴로움의 근본이 됨을 깨닫고 출가하여 먼저 소승을 배우다가 나중에 대승을 배웠다. 그는 마명 보살의 뒤에 출세하여 대승법문을 널리 선양하니, 후세에 '제2의 석가' 또는 '8종의 조사'라고 일컬어지고 있다.

용수 보살은 『십주비바사론』 「이행품」에서 다음과 같이 설하고 있다.

"불법에는 한량없는 문이 있다. 마치 세간에 어려운 길과 쉬운 길이 있는 것과 같다. 육로로 걸어서 가면 괴롭고, 수로로 배를 타고 가면 즐겁다.

보살의 길 또한 이와 같다. 부지런히 정진하는 어려운 길도 있고, 믿음으로써 방편을 삼아 쉬운 수행으로 빠르게 불퇴전에 이르는 길도 있다."

쉽고 빠른 길을 놔두고, 굳이 어렵고 더딘 길로 갈 필요가 있을까?

필자도 한때 불뚝 신심이 일어나 하루에 한 끼만 먹는 일종식과 누워서 잠자지 않고 계속 앉아서 정진하는 장좌(長坐)·불와(不臥)를 시도한 적이 있었다. 그렇게 며칠이 지난 어느 날, 신비스런 꿈을 꾸었다.

대관령처럼 커다란 산을 넘어가야 하는데, 한쪽으로 잘 포장된 아스팔트길이 꾸불꾸불 이어져 있었다. 휘돌아 가는 길과 길 사이 중간에는 깊은 숲이 있었는데 언뜻 보기에 지름길 같아 보였다. 이에 필자가 아스팔트길을 벗어나 숲속으로 막 한 발짝 들여놓으려고 하던 참이었다. 저 멀리 아스팔트 길모퉁이에서 어떤 분이 필자를 향해 손을 흔들며 소리쳤다.

"이리 오너라. 이리 오너라. 그 길이 빠른 것 같지만, 이 길이 훨씬 빠르다."

꿈에서 깨어나 생각해 보니, 손을 흔들며 외치던 분이 부처님이셨다. 아마도 부질없이 고행한다고 애쓰지 말고 중도수행의 길을 가라는 말씀이라 생각되었다. 이에 고행을 풀고 평상시와 같이 꾸준히 정진하게 되었다.

세친 보살의 「원생게」

세친 보살(4~5세기경)은 본래 소승불교를 즐기며, 대승을 비난하였다. 그러던 중, 형인 무착 보살을 만나 마침내 자신의 허물을 깨우치게 되었다. 이에 자신의 혀를 자르려 하자, 무착이 "너의 죄업은 혀를 천 번 끊는다 해도 소멸되지 않을 것이다. 차라리 이제부터 대승을 찬탄해 죄업을 씻어라."라고 하였다.

이에 세친 보살은 대승 경전을 두루 살펴본 후, 정토 법문에서 크게 발심이 되어 극락정토에 왕생하기를 원하는 「원생게(願生偈)」를 지었다.

세존이시여, 저는 일심으로 시방국토에 무량한 광명을 두루 비추는 무애광(아미타) 여래께 귀의하옵고 안락국토에 태어나길 발원합니다.
저는 『무량수경』의 진실한 공덕의 모습에 의지하여 「원생게」를 설하고 모두 지니어 부처님의 가르침과 상응하고자 하나이다.
저 극락세계의 모습을 관찰하오니, 삼계·육도를 뛰어넘습니다.
– 중략 –

아미타 여래의 청정한 대중은 모두 정각의 보배연꽃에서 화생합니다.

불법의 맛을 좋아하고 즐기니, 선정 삼매를 밥으로 삼습니다.

영원히 몸과 마음의 고뇌 여의고 언제나 끊임없이 안락을 누립니다.

대승의 선근경계로 평등하여 싫어하는 이름이 없나니, 여인과 장애인, 혹은 이승(二乘)의 종성으로 태어나지 않습니다.

중생이 원하고 좋아하는 것, 일체를 만족시킬 수 있습니다.

이런 까닭에 저 아미타 부처님 국토에 가서 나길 원하옵니다.

사바세계는 업생(業生)이다. 자신의 업에 의해 육도를 오르락내리락하는 곳이다. 하지만 극락정토는 원생(願生)이다. 스스로 발원해야 태어날 수 있다. 이것이 세친 보살이 「원생게」를 지은 까닭이다.

여기에는 총 24수의 게송이 있는데, 극락정토의 장엄을 찬탄하고, 예배·찬탄·작원·관찰·회향 등을 닦는 오념문(五念門)을 밝히며, 서방에 왕생하기를 권한다. 그 가운데 21수의 게송은 모두 29가지 장엄인 관찰문으로 관찰이 중요함을 알 수 있다. 마지막 게송은 모두 함께 극락에 왕생하자는 취지의 회향게다.

"제가 이제 논을 짓고 게송을 설하니, 원컨대 아미타 부처님을 뵙고 널리 여러 중생들과 함께 안락국토에 왕생하여 지이다."

여산혜원의 백련사와 동림사의 기적 같은 가피

중국 정토종의 초조인 혜원 법사(334~416)가 여산 동림사에서 맺은 모임이 백련사(白蓮社)다. 혜원 대사는 21세에 도안 법사의 『반야경』 강의를 듣고 진리를 깨달아 아우 혜지와 함께 출가하였다. 그 뒤 여산으로 들어가 동림사에 주석하게 되는데, 이로부터 30년 동안 한 번도 산을 나가지 않아 지금까지도 호계삼소(虎溪 三笑)의 일화가 전해진다.

원흥 원년(402년) 출·재가자 123명이 모여 아미타불상 앞에서 왕생극락의 서원을 세웠다. 83세가 되던 해(416년) 7월 그믐날 저녁, 아미타 부처님의 금색신이 허공에 가득하며 밝은 빛 가운데 여러 화신불과 관세음보살·대세지보살이 좌우에 서 계셨다. 그밖에 아름다운 장엄들이 펼쳐졌는데,『관무량수경』16 관(觀) 풍경과 다를 바가 없었다. 아미타 부처님께서 대사에게 "내가 본원력으로 너를 위안해 주기 위해 왔노라. 그대는 7일 뒤 나의 국토인 극락세계에 왕생할 것이다."라고 말씀하셨다. 그리고 혜원 대사보다 먼저 입적한 불타야사 스님, 혜지 스님과 유유민 거사 등이 부처님 곁에 서서 "법사님께서는 저희보다 훨씬 앞서서 발심하셨는데, 왕생극락이 어찌 이리 늦으십니까?"라고 말하였다. 과연 그로부터 일주일 후에 대사는 대중을 모아놓고 "내가 여기 머물면서 성스러운 모습을 세 번 뵈었다. 이제 다시 뵈었으니 나는 반드시 정토에 왕생할 것이다."라고 말하였다. 또한 "정성이 지극하면 대자대비하신 부처님께서 반드시 극락세계로 맞이해 이끌어 주실 것이니, 간절한 마음으로 정성을 다해 염불에 힘쓸지어다."라는 유훈을 남기고 단정하게 앉아 염불하면서 입적하였다.

그때 방에는 신비한 향기가 가득하였고, 공중에서 하늘의 음악이 들렸다. 이에 제자들이 여산의 서쪽에 탑을 세우고 대사의 육신을 봉안하였다고 한다.

작년 11월, 필자와 일행 44명이 여산 동림사를 참배하고 엄청난 가피를 체험했다. 필자는 새벽 경행염불 후 불단을 향해 오음 염불하는 도중 아미타 부처님으로부터 서상의 메시지를 받았다. 어떤 분은 동림 대불 앞에서 관세음보살님을 친견하였고, 어떤 분은 부처님께서 "네 아이의 병을 낫게 해줄 테니 잘 키워라."고 말씀하셨다고 한다. 어떤 거사님은 주체할 수 없는 눈물이 하염없이 흘러내려 "부처님, 저를 왜 이리 울리시나요?"라고 말씀드렸다. 아미타 부처님의 광명으로 알게 모르게 지은 업장이 녹아 눈물로 흘러내린 것이다.

법조 대사의 오회염불

정토종 제4조인 법조 대사는 출가 후 초조 혜원 대사를 흠모해 여산에 들어가서 반주삼매를 닦았다. 다시 765년부터 이듬해까지는 남악 형산에 올라가 승원 대사를 스승으로 섬기면서 정토법을 전수받았다. 766년 4월 보름부터 남악 미타사에서 90일간 진행된 반주삼매 수행의 제14일 밤이었다. 홀연히 삼매 속에서 아미타불을 만나니, 아미타 부처님께서 당부하셨다.

"네가 본 『무량수경』에는 '극락의 칠보수는 맑은 바람이 불어오면 다섯 가지 음악소리가 나온다.'는 구절이 있다. 그 다섯 가지 음악 소리가 바로 오회불성(五會佛聲)이니라. 이러한 인연이 있기 때문에 너희가 오회염불법에 따라 아미타불의 명호를 부르게 되면, 그 과보로 모두 나의 국토에 태어나게 되느니라. 또한 미래의 일체 중생이 오회염불을 만나게 되면, 가난하고 고통스러운 것이 다 제거되고, 아플 때 약을 얻는 것과 같고, 목마를 때 물을 얻는 것과 같고, 굶주릴 때 밥을 얻는 것과 같고, 벗은 몸이 옷을 얻는 것과 같고, 어두운 곳에서 밝음을 만난 것과 같고, 바다를 건너려 할 때 배를 만난 것과 같고, 보물 창고를 만난 것과 같아서 반드시 안락을 얻게 되느니라."

- 『염불감자열전』

반주삼매 속에서 아미타 부처님을 친견하고 직접 오회염불법을 전수받은 대사는 이것을 769년까지 형산 지방에 널리 유포시켰다. 이후에는 오대산을 참배하여 문수보살을 만나니, 문수보살께서 말씀하셨다.

"내가 현재 수행하고 있는 염불법문이 지금 때에 가장 합당한 수행이니라. 여러 수행문이 있지만 염불 수행보다 나은 것은 없느니라. 삼보 전에 항상 공양 올리며 복과 지혜를 갖추어 닦는 것이 가장 요긴하며 지름길이 되느니라.
내가 과거 겁 중에 부처님을 관하며 부처님을 염하며 항상 공양을 올림으로 인해 지금의 일체종지를 성취하게 된 것이니라. 모든 반야바라밀과 깊은 마음, 선정과 모든 부처님이 다 염불로부터 나게 됨을 알아야 함이라. 염불은 모든 법의 왕이니 너는 마땅히 항상 무상법왕을 생각하여 쉼이 없게 할지어다."

아미타 부처님은 오회염불을 권하셨고, 문수보살 또한 염불은 복과 지혜를 닦는 지름길이며 모든 법의 왕이라고 말씀하셨다. 어찌 따르지 아니할까?

운서주굉의 염불 감응

　스님의 이름은 주굉(1536~1615), 별호는 연지(蓮池)니 돌아갈 곳을 뜻한 것이다. 대사는 32세에 출가하여 여산의 변융 선사를 뵙고 수행법을 물으니 이렇게 일러주었다.

　"일체 명예와 영리를 탐하지 말고 오로지 힘을 다하여 일념으로 도를 판단하여야 하니, 명이 다하도록 계행을 굳게 지킬 것이며, 오직 염불 수행을 할지어다. 생사고해를 신속히 벗어나 정각을 성취함에는 염불보다 더 좋은 법은 없는 것이니 마땅히 힘써 행할지어다."

　이러한 가르침대로 여실히 수행을 해나가다 얼마 후, 연지 대사는 산동 지방을 지나다 홀연히 마음이 열려 심오한 진리를 깨닫고 오도송을 읊었다.

이십 년 전 일이 의심스럽다 하여
삼십 리 밖에선들 무슨 기특한 일 만나랴?

선과 악이 모두 꿈인걸
마구니와 부처가 공연히 옳다 그르다 다투네.
— 『염불각자열전』

이른바 시간과 공간을 초월한 소식이다. 선과 악을 뛰어넘고
옳고 그름을 초월한 것이다.

용경 신미년(1571)에 스님은 운서산의 산수가 그윽하고 고요
한 것을 보고, 이곳에서 오직 염불 수행을 하며 생을 마칠 생각
을 하였다. 마을에는 호랑이가 많아 해마다 수십 명 이상 호환
을 당하니, 주민들이 매우 두려워하였다. 스님은 그들의 간절
한 마음을 불쌍히 여겨 경을 읽고 시식하니 호환이 마침내 없
어졌다. 어느 해는 가뭄이 들어 촌민이 스님께 비가 오기를 빌
어줄 것을 바라니, 스님이 웃으며 "나는 단지 염불할 줄만 알
지, 다른 수단은 모르오." 하였다. 대중이 거듭 청하니, 스님은
부득이 산에서 내려와 목탁을 치고 논밭을 돌며 염불하니, 농
사짓기에 충분한 비가 내렸다.
            — 운서 주굉 지음, 연관 옮김, 『죽창수필』

단지 염불 하나로 호환도 면하게 하고, 가뭄도 사라지게 했다
하니, 다른 말을 해서 무엇 하랴?
다만 오직 '아미타불.'

원효 대사의 『유심안락도』

원효 대사(617~686)는 29세에 출가하여 34세 때 의상과 함께 불법을 구하고자 당나라로 출발했다. 가는 길에 어느 날 밤 무덤 가에서 잠을 자다 목이 말라 물을 찾다가 어떤 구멍에서 물을 찾아 먹었더니 시원하기 이를 데 없었다. 아침에 깨어보니 해골 속의 더러운 물인 줄 알고 급히 토하면서 깨쳤다.

"마음이 일어나니 온갖 법이 일어나고, 마음이 사라지니 토굴과 무덤이 둘이 아니네. 삼계가 오직 마음이요, 만법이 다만 식(識)뿐이네. 마음 밖에 법이 없으니 어찌 따로 구할 필요가 있겠는가?" 하고는 돌아오고 말았다.

그 뒤에 분황사에 있으면서 통(通)불교를 제창하며 민중 속에 불교를 보급하기에 힘썼다. 특히 화엄경 「보살명난품」의 "일체에 걸림 없는 사람은 한 길로 생사를 벗어난다."라는 구절에서 '무애(無碍)'를 따다가 박의 이름을 짓고 '무애가'라는 노래를 지어 춤추고 노래하며 다녔다. 이로부터 '나무아미타불 관세음보살' 염불을 모르는 사람이 없게 되었다고 한다.

원효는 『유심안락도』에서 다음과 같이 설한다.

"깨달음의 경지에서 말한다면 차안(此岸)도 없고 피안(彼岸)도 없다. 예토와 정토가 본래 일심이며, 생사와 열반이 끝내 둘이 아니다. 그러나 크게 깨달아 근원으로 돌아가려면 공(功)을 쌓아야만 가능하나니, (생사의) 흐름을 따라가는 긴 꿈에서 단박에 깨어나기는 불가능한 것이다. 이런 까닭에 성인께서 자취를 드리우시되, 시기가 먼 것도 있고 가까운 것도 있으며, 가르침을 베푸신 말씀이 혹은 쇠하기도 하고 흥하기도 하였던 것이다.

그러다가 석가모니 부처님께서 이 사바세계에 나타나시어 다섯 가지 악(살생·투도·사음·망어·음주)을 경계하여 선을 권하셨고, 아미타여래께서는 저 극락세계에 계시면서 아홉 부류의 중생을 이끌어 왕생하도록 인도하시니, 이러한 방편의 자취를 모두 다 열거할 수 없을 정도이다. -중략-

사바세계는 여러 가지 악이 있는 곳이므로, 이러한 반연으로 대부분 물러나게 되지만, 안양의 보배나라는 순전히 선한 땅이므로 오직 나아가기만 할 뿐 물러나는 일은 없다."

깨달음의 경지에서 말하자면 정토와 예토가 둘이 아니다. 모두 가상현실인 것이다. 하지만 중생들을 교화하는 방편으로 말하자면, 극락정토를 찬탄하지 않을 수가 없다. 그러므로 염불은 최상의 방편이다. 방편이 없는 지혜는 속박이요, 방편이 있는 지혜가 해탈이다.

의상 조사의 「백화도량 발원문」

신라의 의상(625~702) 조사가 당나라 지엄 문하에서 화엄을 배울 때, 매우 크고 훌륭한 모습을 한 신인이 나타나 "스스로 깨달은 바를 기록하여 사람들에게 베푸는 것이 마땅하다."라고 하였다. 또 선재동자가 총명약 10여 제를 주는 꿈을 꾸었다. 또 푸른 옷을 입은 동자를 만나 세 차례 비결을 받는 꿈을 꾸었다.

지엄이 이와 같은 말을 듣고서 "신인으로부터 신령스런 선물을 받은 것이 나는 한 차례였는데, 너는 세 차례구나. 멀리 바다를 건너와 부지런히 수행하니 그 보답이 이와 같이 나타난 것이다."라고 하며, 그동안 공부하여 깨달은 바를 글로 짓게 하였다. 이에 의상이 글을 지어 부처님 앞에 서원을 올리고 불사르면서 "이 책의 글이 성스러운 뜻에 부합하는 것이 있으면 타지 않기를 바랍니다." 하였다. 마침내 잿더미 가운데에서 210글자를 얻을 수 있었는데, 이 글자를 모아 30구를 완성하였다. 이것이 「법성게」다.

법의 성품 원융하여 두 모습이 없으니

모든 존재 본래부터 동요 없이 고요하네.
이름 없고 모양 없어 일체를 끊었으니
깨달은 지혜로 아는 바요, 다른 경계 아니라네.

여기까지는 청정법신 비로자나불의 경지를 설하고 있다. 법신인 성품은 이분법을 초월했으며, 본래 고요하고, 이름도 없고 모양도 없다. 하지만 이 경계는 깨달은 성인만 알 수 있는 것이니, 여기서 머물러서는 안 된다.

참다운 성품은 지극히 미묘하여
자성을 지키지 않고 연(緣) 따라 이룬다네.
하나에 전체 있고 전체에 하나 있어
하나가 곧 전체요, 전체가 곧 하나일세.

참다운 성품은 진공묘유의 미묘한 경지다. 고요하기만 해서 이름도 없고 모양도 없음에 머물지 않고, 인연 따라 보신과 화신의 경계를 나타낸다. 다시 말해서, 청정법신 비로자나불에 머무르지 않고, 원만보신 노사나불과 천백억화신 석가모니불로 나타나며, 관세음보살 32응신으로 나타나 중생을 제도하는 것이다.

다만 본성 자리에서 보자면 부처님과 관세음보살, 그리고 우리 자신이 전혀 차이가 없다. 하지만 현상으로는 번뇌가 있음과 없음, 즐겁고 괴로움의 차이가 엄연히 존재한다. 그래서 의상 조

사는 「백화도량 발원문」에서 영원히 관세음보살을 본사(本師)로
삼고자 한다. 관세음보살이 아미타불을 이마 위에 모시고 계신
것처럼 자신도 관음대성을 이마 위에 정대하겠다고 다짐한다.
또한 관세음보살의 십대서원·여섯 회향·천수천안·대자대비
등을 동등하게 가져서 항상 관세음보살의 설법을 듣고 원통삼매
를 이룰 것을 발원하고 있다.

원하건대 이 제자는
세세생생 관세음을 일컬어서 본래 스승 삼겠으며
보살께서 아미타불 정대하듯 저도 또한 관음대성 정대하고
열 가지 원, 여섯 회향, 천수천안, 대자대비 모두 함께 동등하여
몸 버리고 몸을 받는 이 세계나 다른 국토 머무는 곳 따라가리.

몸 버리는 이 세계는 사바세계이고, 몸을 받는 다른 국토는
극락정토다. 어디든 관세음보살이 계시는 곳으로 따라가겠다고
하는 것이다. 또한 열 가지 원은 천수경의 「여래십대발원문」을
말한다.

원하건대 속히 일체 법을 알아 지이다.
원하건대 일찍이 지혜의 눈을 얻어 지이다.
원하건대 속히 일체 중생 제도하여 지이다.
원하건대 일찍이 좋은 방편 얻어 지이다.

원하건대 속히 반야선에 올라 지이다.
원하건대 일찍이 고해를 건너 지이다.
원하건대 속히 계율 선정 얻어 지이다.
원하건대 일찍이 원적의 산에 올라 지이다.
원하건대 속히 무위 경지 알아 지이다.
원하건대 일찍이 법성의 몸 이루어 지이다.

결국 일체 법을 알아 지혜의 눈을 얻고 일체 중생을 제도하려면 좋은 방편을 얻어야 한다. 그것은 반야선에 올라 사바의 고해 바다를 건너 극락정토로 가는 것이다. 그곳에 가면 저절로 선정을 얻고 원적(圓寂)의 산에 올라 무위(無爲)의 경지에 도달한다. 일찍이 법성(法性)의 몸을 이루는 것이다.

이러한 바탕 위에 화엄의 종조(宗祖)인 의상 대사는 부석사에 무량수전을 짓고, 아미타 부처님을 모시면서 염불 수행을 닦았다. 또한 문수·보현·마명·용수·세친·원효 같은 대보살들도 이구동성으로 염불 수행을 적극 권하고 있음에 유념해야 할 것이다.

3장

행하자(行): 아미타 명상을!

팔만대장경은 정토 입문서

팔만대장경의 꽃은 『화엄경』이다. 『화엄경』의 결론인 「보현행
원품」의 마지막 대목은 보현보살의 십대 행원(行願)으로 인한 큰
복덕을 회향하여, 고해에 빠져있는 모든 중생이 속히 무량광불
이 계신 극락정토로 가기를 발원하고 있다.

원하오니 이 목숨이 다할 때에	願我臨欲 命終時
모든 업장 모든 장애 사라져서	盡除一切 諸障碍
서방정토 아미타불 친견하고	面見彼佛 阿彌陀
곧바로 안락국토 왕생하여 지이다.	卽得往生 安樂刹
바라건대 보현보살 훌륭한 원	我此普賢 殊勝行
그지없이 뛰어난 복 회향하니	無邊勝福 皆回向
고해바다 빠져있는 모든 중생	普願沈溺 諸衆生
무량광불 극락정토 어서 가소서.	速往 無量光佛刹

또한 『화엄경』 「입법계품」에서 문수보살이 소개한 첫 번째 선

지식인 덕운 비구도 다음과 같이 염불 법문을 설하고 있다.

"선남자여, 나는 이 일체 제불의 경계를 염(念)하여 지혜광명
으로 두루 보는 법문을 얻었느니라. 이른바 지혜의 빛으로 널
리 비추는 염불 법문[念佛門]이니, 모든 부처님 국토 갖가지 궁
전의 청정한 장엄을 항상 보는 연고니라. 일체 중생으로 하여
금 염불하게 하는 법문이니, 중생들이 마음으로 기뻐함을 따라
서 부처님을 뵙고 청정함을 얻게 하는 연고니라."

이처럼 문수·보현보살은 물론, 관음·세지보살과 마명·용
수·세친보살 또한 극락왕생을 적극 권장하고 있다. 극락으로 가
는 가장 쉽고도 빠른 방법은 염불(念佛)이니, 결국 부처님의 일
대시교는 염불 법문의 주석이며, 팔만대장경은 정토 입문서라고
말할 수 있는 것이다.

아미타 명상의 일곱 가지 기대 효과

첫째, 모든 부처님께서 챙겨주신다. 『아미타경』에서는 이 경전을 듣고 받아 지니거나, 제불 명호 들은 이는 일체 모든 부처님이 보호하고 챙겨주어 최상 가는 깨달음에서 물러나지 않게 된다고 말씀하셨다.

둘째, 탐·진·치 삼독이 자연히 소멸한다. 극락정토에 대한 확신이 생기니 자연히 죽음에 대한 공포가 줄어든다. 더불어 삶의 애착도 줄어든다. 탐욕이 줄면 화낼 일도 적어지고 어리석은 언행도 사라진다.

셋째, 몸과 마음이 부드럽고 상냥해진다. 삶과 죽음에 유연해지니, 몸과 마음 또한 따라서 부드럽고 상냥해진다. 심지어 죽은 후에도 몸이 부드럽고 굳어지지 않는다.

넷째, 기쁨이 가슴에 넘친다. 생사에 담박해지니 자연히 기쁨이 샘솟는다. 살아서도 좋고 죽으면 더욱 좋다.

다섯째, 진리를 구하는 마음이 솟아난다. 해탈의 맛만 보아도 이렇게 좋은데, 최상의 깨달음을 얻으면 얼마나 좋을까?

여섯째, 내생이 기대된다. 구품극락 가운데 어디에 태어날지

기대된다. 업장을 참회하고, 아미타 명상만 일심으로 해도 하품(下品)에 태어날 수 있다. 복덕을 겸하여 닦으면, 중품(中品)에 태어난다. 나아가 도업(道業)까지 닦으면 상품(上品)에 태어나는 것도 가능해지는 것이다.

일곱째, 죽으면 극락에 태어나 수명이 무량하다. 아미타불의 명호를 일심불란하게 되면 그 사람이 임종할 때 아미타 부처님과 여러 성중 나타나서 극락정토에 왕생한다. 그 부처님 수명이나 백성들의 수명 또한 한량없고 끝이 없다. 불사(不死)의 몸인 것이다.

위의 일곱 가지 효과 가운데 앞의 여섯 가지는 살아서 체험하는 것이다. 정토 수행은 죽어서 좋은 데 가는 것은 물론이고, 살아서 얻는 효과가 훨씬 크다는 것을 알아야 한다. 그러므로 아미타 명상은 죽음에 임박해서가 아니라, 살아생전 바로 지금부터 닦는 것이 현명하다. 사망보험은 죽기 직전이나 죽은 후에 드는 것이 아니다.

빠드마 삼바바의 『티벳 사자의 서』

여기 두 가지 선택이 있다. 의식체를 순수한 부처의 세계로 탈바꿈시키는 것과 순수하지 않은 윤회계의 자궁문을 선택하는 것이 그것이다. 그러기 위해서는 다음과 같이 하라. 순수한 극락세계로의 의식체의 탈바꿈은 다음과 같은 명상을 통해서 가능하다.

"아, 슬프다. 아득한 옛날부터 무수히 많은 세월 동안 나는 윤회의 늪 속을 방황해 왔다. 지금까지 '참 나'를 깨닫지 못하고 붓다의 경지를 얻지 못했으니 이 얼마나 고통스러운 일인가? 나는 이 윤회계가 지겹고 끔찍하며 역겹다. 나는 이제 윤회에서 벗어날 준비가 되었다. 나는 서쪽 극락세계 아미타불의 발 아래, 한 송이 연꽃 속에 기적적으로 태어나리라."

이렇게 생각하면서 그 세계에 태어나기를 진심으로 기원하라…. 그때 그대는 즉시 그곳에 태어날 것이다.

죽은 이를 위한 최상의 가이드북『티벳 사자의 서』저자는 빠드마 삼바바(蓮華生, 8세기)다. 그 이름 자체가 '연꽃에 태어난 자[蓮華生]'라는 뜻이다. 이는 극락정토의 연꽃 위에 태어남이다. 윤회계에서는 자궁에 태어난다.

만약 극락세계에 태어나고자 한다면, 일단 윤회계에서 벗어날 준비가 되어야 한다. 이 윤회계가 지겹고 끔찍하며 역겹다고 생각해야 한다. 아직도 자식 걱정, 재산 걱정, 그리고 여한이 남아있다면 윤회계에서 벗어나기 어렵다. 세속의 온갖 걱정 벗어나 극락세계에 태어날 것을 진심으로 기원해야 한다.

"나는 서쪽 극락세계 아미타불의 발아래, 한 송이 연꽃 속에 기적적으로 태어나리라."

그리고 '아미타불'을 일심으로 염하면 즉시 그곳에 태어날 것이다.

지성으로 소리를 끊이지 않고 아미타불을 열 번만 온전히 부르면, 그는 부처님의 명호를 부른 공덕으로 염불하는 동안 팔십억겁 동안 생사에 헤매는 무거운 죄업이 사라진다. 그리고 목숨을 마칠 때에 마치 태양과 같은 찬란한 금빛 연꽃이 그 사람 앞에 나타나 순식간에 바로 극락세계의 보배연못 연꽃 속에 태어난다.

금빛 연꽃[金蓮]이 미중 나오다

중국 명주 개원사 스님 가구(可久)는 늘 법화경을 독송하여 당시에 구법화(久法華)라 불렸다. 평생토록 반복하여 잘 외우고 지녀 정토를 장엄하였다. 원우 8년(1093)에 스님은 아무런 병도 없이 단정히 앉아서 숨을 거두었다가 사흘 후에 다시 살아나서 말하였다.

"나는 이미 정신이 정토에 노닐었는데, 그 국토의 모양은 『관무량수경』에 설해 있는 장엄과 한가지로 똑같았습니다. 칠보로 된 연못 가운데에 있는 연화대에는 그 정토에 날 사람들의 성명이 적혀 있었습니다. 한 자금대(紫金臺)에는 송나라 성도부 광교원의 '훈법화'라고 내다 걸렸는데, 이미 정토에 태어난 것입니다. 또 한 금대에는 명주 '손 십이랑'이라 쓰여 있었으며, 또 다른 한 금대에는 명주 '구법화'라 쓰여 있었고, 또 한 은대에는 명주 '서도고'라 쓰여 있었습니다."

가구 스님은 말을 마치자마자, 다시 단정히 앉은 채로 숨을 거두었다. 그리고 5년이 지나 가구 스님이 정토에서 봤다고 말씀한 바 있었던 서도고가 단정히 앉은 채 숨을 거두었는데, 기이

한 향내가 방 안에 가득하였다. 그 후 12년이 지나 역시 가구 스님이 정토에서 봤다는 금대에 쓰여 있었던 손 십이랑이 죽었는데, 이때에는 하늘 음악 소리가 들려오는 등 신령스러운 상서가 연이어 일어났다.   – 요원, 『법화 영험전』

이 기록에 따르면, 이미 정토에 태어난 이는 물론이고 앞으로 태어날 이들의 이름까지 정토의 자금색 연화대에 이미 적혀 있음을 알 수 있다. 이와 유사한 내용은 『관무량수경』에서도 찾을 수 있다. 대승의 뜻을 잘 이해하고 인과를 깊이 믿는 수행자가 수명이 다하게 되면, 아미타불께서 관세음보살·대세지보살 등의 대중과 권속들에게 둘러싸여 자금색 연화대[紫金臺]를 가지고 오셔서 수행자 앞에서 찬탄하신다.

"법의 아들이여, 그대가 대승을 행하고 심오한 진리를 이해하였기에, 내 지금 그대를 영접하러 왔노라."

그리고 1천 아바타 부처님과 함께 일시에 손을 내미시는데, 수행자가 스스로 돌아보면 자금색 연화대(紫金臺)에 앉아있음을 보게 된다. 그는 합장하고 일념 간에 극락세계의 칠보연못 가운데 태어난다. 상품 하생의 경우에서도 임종 시에 황금 연꽃을 가지고 서방 삼성이 영접하시며, 중품 상생의 경우에도 금빛 연화대에 앉아 극락세계에 왕생하는 것이다.

극락왕생의 인행(因行)

부처님께서 아난에게 말씀하셨다.

"아난아, 저 극락세계에 왕생하는 중생들은 모두 반드시 성불할 수 있는 이들로서 성불이 결정된 정정취(正定聚)에 머물게 된다. 그 까닭은 극락세계에는 성불하는 데 잘못 결정된 사정취(邪定聚)나 아직 성불하기로 결정되지 않은 부정취(不定聚)는 없기 때문이다. 그래서 항하 모래수와 같이 무수한 시방세계의 여러 부처님들도 모두 한결같이 무량수불의 위신력과 공덕이 불가사의함을 찬탄하시느니라.

누구든지 무량수불의 명호를 듣고 기쁜 마음으로 신심을 내어 잠시라도 지성으로 극락세계에 태어나기를 원하는 이는, 그 부처님의 원력으로 바로 왕생하여 마음이 다시 물러나지 않는 불퇴전(不退轉)의 자리에 머물게 되느니라. 그러나 오역(五逆)죄를 범한 자와 정법을 비방한 자는 그럴 수 없느니라.

아난아, 시방세계의 모든 천신과 인간들이 지극한 마음으로 저 극락세계에 태어나고자 하는 이들은 그 근기와 수행을 따라 상·중·하의 차별, 곧 상배와 중배와 하배 등 삼배의 구별이 있느니라."
-『무량수경』

'정정취'란 반드시 성불이 결정된 무리를 말한다. 누구든지 무량수불의 명호를 듣고 기쁜 마음으로 신심을 내어 잠시라도 지성으로 극락세계에 태어나기를 원하는 이는 그 부처님의 원력으로 바로 왕생하여 마음이 다시 물러나지 않는 불퇴전(不退轉)의 자리에 머물게 된다. 다만 오역(五逆)죄를 범한 자와 정법을 비방한 자는 제외된다.

오역죄는 아버지를 죽이거나, 어머니를 죽이거나, 아라한을 죽이거나, 부처님 몸에 피를 내거나, 대중의 화합을 깨뜨린 죄이다. 이런 이는 죽자마자 아비지옥에 떨어진다. 최소한 오역죄를 저지르거나 정토법을 비방해서는 안 된다. 나아가 아미타불의 극락정토를 굳게 믿고, 그곳에 태어나기를 발원하고, 아미타 명상을 행해야 하는 것이다. 또한 극락에 가더라도 근기와 수행에 따라 상배와 중배와 하배의 구별이 있다.

하품극락은 살아생전 죄업을 짓기는 했더라도 이를 참회하고 다만 열 번만이라도 일심불란하게 아미타불을 염하는 중생들이 갈 수 있다. 중품극락은 생전에 효도하고 선행을 하면서 일심불란하게 아미타불을 염하는 범부와 성인들이 동거하는 곳이다. 상품극락은 아미타불을 염하는 것은 물론, 꾸준히 선행과 도를 닦아 성인의 경지에 이른 이들이 가는 곳이다.

상품연화에 태어나는 상배자

"상배자(上輩者)란, 욕심을 버리고 출가하여 사문이 되고, 보리심을 일으켜 오로지 한결같은 마음으로 무량수불을 생각하며, 여러 가지의 선근 공덕을 쌓고, 저 극락세계에 왕생하고자 원을 세우는 이들을 말하느니라.

이러한 사람이 임종할 때에는 무량수불이 여러 대중과 더불어 그의 앞에 나투신다. 그러면 그는 그 부처님을 따라서 극락세계에 왕생하는데, 바로 칠보 연꽃 가운데 자연히 화생하여 다시 물러나지 않는 불퇴전의 자리에 머물며, 지혜와 용맹을 갖추고 신통이 자재하게 되느니라.

그러므로 아난아, 이 세상에서 아미타불을 뵈옵고자 하는 사람은 마땅히 위없는 보리심을 발하여 많은 공덕을 쌓고 저 극락세계에 태어나기를 원해야 하느니라." ―『무량수경』

극락세계 상품연화에 태어나는 이를 상배자라 한다.

상배자가 되려면, 첫째는 욕심을 버리고 출가하여 사문이 되고, 보리심을 일으켜 한결같은 마음으로 무량수불을 생각해야 한다. 둘째는 여러 가지 선근 공덕을 쌓아야 한다. 셋째는 극락 세계에 왕생하고자 원을 세워야 한다.

이렇게 보리심과 선근 공덕과 왕생 발원을 모두 갖춘 사람이 임종 시에 아미타불이 여러 대중과 더불어 금련화를 가지고 그의 앞에 직접 나타나신다. 그러면 금련화에 앉아 부처님을 따라서 극락왕생하는데, 바로 칠보 연꽃 가운데 자연히 화생(化生)한다. 화생이란 아바타로 태어나는 것이다.

육신은 살덩어리 아바타요, 정신은 분별덩어리 아바타다. 반면에 극락 화생은 자유로운 아바타다. 의식주가 따로 필요 없으며, 분별 망상으로 남들과 시비하거나 다툴 필요도 없다. 자신의 연꽃 세계에서 생각만 하면 생각대로 이루어지는 자유자재한 아바타인 것이다.

중품연화에 태어나는 중배자

"중배자(中輩者)란 시방세계의 여러 천신과 인간들 중에서 그들의 정성을 다하여 극락세계에 태어나고자 원을 세우고, 비록 출가 사문이 되어 큰 공덕을 닦지 못하더라도 마땅히 위없는 보리심을 내어 오로지 일념으로 아미타불을 생각하며, 다소의 착한 일도 하고 계율을 받들어 지키며, 탑을 세우거나 불상을 조성하고 스님들에게 공양도 하며, 부처님 앞에 비단 일산을 바치고 등불을 밝히며 꽃을 뿌리고 향을 사른다. 이러한 공덕을 회향하여 저 극락세계에 태어나고자 원을 세우는 이들을 말하느니라.

이러한 사람이 임종할 때에는 아미타불이 화신을 나투시는데, 그 상호와 광명이 찬란하여 실제 아미타불과 같으시며, 여러 대중과 더불어 이 사람 앞에 나타나시느니라.

그러면 그는 나투신 화신불을 따라서 극락세계에 왕생하여 물러나지 않는 불퇴전의 자리에 머물게 되나니, 그 공덕과 지혜는 상배의 다음 가느니라."　　　　　　　　　　　－『무량수경』

극락세계 중품연화에 태어나는 이를 중배자라 한다.

중품연화에는 범부와 성현[凡聖]이 동거한다. 이곳에 왕생한 사람들은 상품연화에 태어난 이들보다는 수행이 낮으나 하품연화에 왕생한 중생들보다는 수행이 높은 사람들이다.

그들은 비록 출가하지는 않았더라도 삼계를 벗어나고자 생전에 사바세계에서 부지런히 정진한 사람들이다. 불사에도 적극적으로 동참하여 절을 짓거나 혹은 부처님의 경전을 보시하면서 선행과 보시를 함께 닦은 것이다. 또한 극락세계에 태어나고자 원을 세우는 이들이다.

이렇게 선근 공덕과 왕생 발원을 갖춘 사람이 임종 때에는, 아미타불의 아바타가 여러 대중과 더불어 이 사람 앞에 나타나신다. 부처님을 친견한 수행자가 크게 환희심을 발하며 스스로를 돌아보면 자신이 연화대에 앉은 모습을 보게 된다. 그리하여 중품세계의 연못에 왕생하는 것이다.

하품연화에 태어나는 하배자

"하배자(下輩者)라 하는 것은, 시방세계의 여러 천신과 인간들 가운데 설령 그들이 여러 가지 공덕을 쌓지는 못하더라도 마땅히 위없는 보리심을 발하고 생각을 오로지 하여 다만 열 번이라도 아미타불을 생각하고 그 명호를 외우면서 지극한 마음으로 극락세계에 태어나고자 원을 세우는 이나, 혹은 심오한 법문을 듣고 즐거운 환희심으로 믿고 의지하여 의혹을 일으키지 않고 다만 한생각만이라도 아미타불을 생각하고 그 명호를 외우며 지극한 마음으로 극락세계에 태어나고자 원을 세우는 이들을 말하느니라.

이러한 사람이 임종할 때에는 꿈결에 아미타불을 뵙고 극락세계에 왕생하는데, 그 공덕과 지혜는 중배의 다음 가느니라."

– 『무량수경』

극락세계 하품연화에 태어나는 이를 하배자라 한다.

하배자는 비록 선근 공덕을 쌓지는 못하더라도, 보리심을 발하고 다만 열 번만이라도 아미타불을 생각하고 명호를 외우며 극락왕생을 발원한 이를 말한다. 혹은 대승법문을 듣고 믿어 의심치 않으며 다만 한생각만이라도 아미타불을 생각하고 명호를 외우며 극락왕생을 발원한 이들을 말한다.

비록 출가하거나 선근 공덕을 쌓지는 못하더라도, 믿음을 갖고 아미타불의 명호를 외우며 극락왕생을 발원하면, 임종 시 꿈결에 아미타불을 뵙고 하품연화에 태어난다.

『극락세계 유람경』에 따르면, 연화세계는 구품으로 이루어졌는데 가장 낮은 하품하생에서 가장 높은 상품상생까지 이르려면 12겁의 시간이 소요된다고 한다. (1겁은 1,679만 8천 년) 그러므로 하품하생에 왕생한 자가 상품상생까지 도달하기 위해서는 2억 년 이상의 시간이 걸리는 것이다.

하지만 사바세계는 속성반이라서 비록 고통스럽더라도 부지런히 정진하고 선근 공덕을 쌓으며 아미타불의 명호를 염하면, 다만 몇 년 만에 중품이나 상품연화에도 이를 수 있다. 사바세계에도 나름의 장점이 있는 것이니, 이를 잘 활용하는 것이 지혜롭다.

극락 간 사람들

보정 서길수 편저, 『극락 간 사람들』에는 다수의 극락왕생 사
례가 잘 밝혀져 있다. 그중 몇 가지만 발췌해서 인용한다.

① 786년, 건봉사 만일 연꽃 모임

때는 당나라 숙종 건원 무술(758)에 신라국 고성현 원각사에
발징(發徵)이라는 큰스님이 있었는데, 법명은 동량이었으며, 산
문의 주지였다. 큰 발원을 세우고 정신·양순 같은 두타승 31명
을 불러 '아미타 만일 연꽃 모임(彌陀萬日蓮會)'을 만들고 향도(香
徒) 1,820명과 결연하였다.

1,700명은 먹을 것을 바라지하고, 120명은 입을 것을 바라지
하였는데, 해가 바뀔 때 집마다 쌀 한 말, 기름 한 되 반, 굵은 베
한 단씩을 내어 오랫동안 바라지하였다.

29년이 지나 병인년(786) 7월 17일 밤중에 큰물이 도량 문밖까
지 넘쳤다. (이때) 아미타불과 관음·세지 두 보살이 자금색 연꽃
자리(연대)를 타고 문 앞에 다다라 금빛 팔을 펴서 염불하던 대중

들을 이끌어 맞이하시는 것을 대중들이 보고 모두 기뻐서 펄쩍 펄쩍 뛰었다. 이는 지금까지 본 적이 없는 일로, 부처님께서 대중을 거느리고 슬기배(반야선)에 올라 마흔여덟 가지 바람(사십팔원)을 노래하며 흰 연꽃 세계로 가서 상품상생에 태어나도록 하셨다….

그리고 수행을 계속한 향도 913명이 한꺼번에 세상을 떠나고 (극락에 가서 태어났고) 나머지 907명은 아직 남아있었다. 7일 만에 또 아미타불이 나타나 "18명은 상품중생으로 태어날 수 있고, 나머지는 왕생할 수 있도록 업을 더 닦게 한 뒤 다시 와서 제도하겠다."라고 하였다. 다시 7일이 지나 발징을 데려가려 하였다. 발징이 나머지를 모두 왕생케 한 다음에야 가겠다고 하니, 부처님께서 말을 멈추게 하고 말씀하셨다.

"31명을 상품하생에 태어나게 하겠다. 그 나머지는 네가 먼저 왕생하여 부처님의 수기를 받아 무생법인을 깨닫고 지혜와 신통을 갖춘 뒤 다시 사람으로 태어나 모두 제도하도록 하여라."

동량은 부처님이 타이르는 가르침을 듣고 믿음으로 받아들인 뒤, 머리를 숙여 부처님의 발을 받들고 배에 올라 서녘 정토에 가서 태어났다.

비록 29년이라는 세월이 들었으나 그 결과는 놀라울 만큼 빛났다. 두타승 31명과 향도 1,820명, 모두 1,851명으로 시작하여, 31+913명=944명이 상품 상생으로, 18명이 상품 중생으로, 31명이 상품 하생으로, 모두 993명이 한꺼번에 극락에 가서 태어났으니!

② 1689~1749, 보살행을 하고 극락에 간 본원 보살

경상좌도 밀양에 사는 성은 현씨, 불명은 본원이라는 여인이 있었다. 30년가량 염불 정진하던 현씨는 25번이나 부처님을 뵙고 법문을 들었다. 목숨을 마치려는 때 자손들을 모아 놓고 유언을 하였다.

"내 목숨은 오늘밖에 없다. 너희들은 모두 내 말을 들어라. 나를 화장한 뒤 「염불을 널리 권하는 글[念佛普勸文]」을 책으로 내서 세상 사람들을 모두 극락정토로 이끌도록 해라. 나는 지금 부처님의 원력으로 마음이 즐겁기 짝이 없다. 나는 이제 서녘으로 돌아갈 것이다."

그때 그들 앞에 아미타불이 나타나 말씀하셨다.

"너희들 대중은 여러 경전의 부처님과 조사의 말씀을 믿고 받들어라. 무수한 방편을 설하였느니라. 이러한 까닭에 상근기와 중근기에는 정법과 상법이 견고하여 득도하지만, 하근기 말법시대에는 여러 문이 열려 있거나 혹은 닫혀있기도 하느니라. 이 말법에 고통과 번뇌에서 벗어나고자 하는 사람들을 위하여 설하겠다.

이 시대에 일어나야 할 가장 적당한 수행은 정토문이니, 왕생을 구하며 염불하는 사람은 누구든지 극락세계에 왕생할 것이니라."

기사년 12월 어느 날 가사 불사 화주를 하는 스님이 시주를 청하였는데, 그녀는 갑자기 신심을 내 시주를 하게 되었다. 그랬더니 그날 밤 삼경(밤11~1시)에 저절로 자기 입에서 염불 소리가 나와서 그 소리를 일상의 업으로 삼아 날마다 염불을 계속하였다. 추우나 더우나 오가면서 밤과 낮이 길고 짧은지도 모르고 큰소리로 염불하였다.

③ 1879년, 3년 염불하여 극락 가고 방광비 남긴 청련암 서봉 스님

서봉 스님은 60세가 넘어서부터 청련암에 머무셨는데, 크게 발심하여 모든 것을 내려놓고 '나무아미타불' 6자 염불을 밤낮 쉬지 않고 정진했는데 남의 눈을 전혀 의식하지 않았다.

1879년 10월 밤에 감원스님과 부전스님의 꿈에 화관을 쓴 보살들이 서쪽에서 꽃가마를 가지고 와서 서봉 스님을 태워 모시고 가는 것이었다. 아침에 일어나서 감원스님과 부전스님이 함께 꼭 같은 꿈을 꾼 것을 이상히 여기고 서봉 스님이 계시는 방문을 열고 보니 평소 나던 나쁜 냄새는 간데없고 방안에서 기이한 향기가 진동하고 음악 소리가 크게 나고 있었으며, 서봉 스님은 앉은 채로 입적하셨다.

또 다비한 날 저녁에는 청련암을 위시하여 온 연화산에 빛살이 뻗어나가 대낮처럼 밝은 광명이 나타나니, 옥천사 대중스님들이 환희심에 북받치어 저절로 '나무아미타불' 6자 염불을 외고 있었다. 다비하여 산중에 뼛가루를 뿌려 장례를 마치니 산속에서 3일 동안 상서로운 기운이 뻗쳐 나와, 마을에서 산불이 났다고 마을 주민들을 동원하여 산에 오르면 아무런 이상이 없어 마을로 돌아간 일이 3일이나 되풀이되었다. 옥천사 스님들로부터 서봉 스님을 화장한 곳에서 빛이 난 것이라고 하자, 신도들이 방광비석을 세우자고 하여 서봉당 방광비(放光碑)를 방광한 곳 아래 자연 암반에 세웠다.

서봉 스님의 방광은 1879년(조선 고종16)에 있었던 실화이다. 서봉 스님은 60세가 넘어서부터 청련암에 머무셨는데, 계를 잘 지키지 못하고 수행도 제대로 하지 못한 것을 참회하면서, 이제 정토에 가서 태어나는 길밖에 없음을 깨닫고 염불 수행을 했고 마침내 극락왕생한 것이다.

④ 1933년, 서기 방광에 소방대 출동한
   진주 연화사 선덕화 보살

진주 송 보살이 어느 날 아침을 먹고 나서 식구들을 불러놓고 말했다.

"이 세상이 다 무상하다. 여기는 고해고, 불붙은 집이고, 그러니 아예 방심하지 말고 할 일을 해야지 맨날 육체, 몸뚱이 그렇게 가꾸어봐야 갈 때는 헛수고했다고 인사도 안 하고 나를 배반

하고 가는 놈이다. 몸뚱이라는 건 그런 무정한 놈이니 그놈만 위해서 그렇게 살지 말아라.

나도 평생 염불해서 이런 좋은 수가 있지 않느냐. 아흔 살까지 장수도 하고, 병 안 앓고, 꼬부라지지도 않고, 그리고 가는 날짜 알고, 내가 지금 말만 떨어지면 간다. 곧 갈 시간이 되었어. 그러니 너희들도 그랬으면 좀 좋겠느냐? 두 달이고 일 년이고 드러누워 똥을 받아내고, 이래 놓으면 그 무슨 꼴이냐? 너희가 벌어먹을 것도 못 벌어먹고 모자간에 서로 정도 떨어지고 얼마나 나쁘냐? 부디 신심으로 염불도 하고 부디 그렇게 해라."

이렇게 말한 뒤 살며시 눕더니 사르르 잠든 것처럼 가 버렸는데, 그리고 얼마 있다가 그만 그 집에서 굉장히 좋은 향내가 나고 또 조금 있으니 서쪽을 향해서 환히 서기 방광을 해서 불났다고 소방대가 동원되기까지 했다.

입적하신 후 4일째 되는 날 밤 10시경, 10여 년간 계속 참례 수도하신 인연 깊은 연화사에 봉안한 보살님의 사리에서 서기(瑞氣) 방광(放光)이 수정산 초목 잎을 선명하게 보일 정도로 밝게 비추었다.

⑤ 2015년, 염불로 윤회 벗어난 선(禪)·유식(唯識) 통달한 동현 거사

"금생에 부처님 가르침을 의지해서 흩어진 마음 없이 간절하게

한 구절 '아미타불'을 염불하면 임종할 때 서방 극락세계로 왕
생하여 아미타부처님을 직접 뵙고 무생법인을 깨닫게 된다."
                                     – 송찬우 역해, 『지관수행』

"저 위하여 아미타불…
저 위하여 아미타불… (아미타 부처님께서 오셨군요!)"

2015년 1월 27일 새벽, 가족들이 지켜보는 가운데 "나무아미타
불"을 염하며 좌탈 입적한 동현 송찬우(1951~2015) 거사의 최후법
문이다. 동현 거사는 직장암 투병 중 기력이 소진한 상태에서도
지성으로 '아미타불'을 염하였다. 왕생하기 직전, 몸을 일으켜 달
라고 손짓을 하여 앉혀드리자 천장 한 곳을 응시하면서 '저 위하
여 아미타불…'을 혼신의 힘을 다해 끊어질 듯 끊어질 듯 이어가
며 반복했다. 호흡이 멈춘 이후 거사는 앉은 상태에서 순간 저절
로 눈꺼풀이 사르르 감기며 편안한 모습으로 입적했다고 한다.
　『지관수행』에서 동현 거사는 '지관으로 염불 수행을 하는 것이
바로 여래행을 하는 것이고, 여래의 집으로 들어가는 것'이라고
밝히고 있다.
　"지금 말법시대에 법을 펴고 중생을 이롭게 하려면 늙을 때가
지 염불을 진실하게 하여 한 구절 아미타 명호를 부를 경우, 그
자리에서 아상·인상·중생상·수자상 등 사상(四相)이 없어져
안으로는 신심을, 밖으로는 세계에 대한 집착을 잊게 되는데,

이것이 바로 '지(止)' 공부이다. 또 소리소리 부처님 명호를 부를 때마다 부처님 상호가 더욱 분명해지는데, 이것은 '관(觀)' 수행이다.

염불을 부르는 자와 부르는 대상인 부처님, 이 둘을 쌍으로 잊는 경지에 이르러 자타가 둘이 아닐 땐 이 경지에서 마음을 되돌려 허깨비와 같은 염불 공부로 허깨비와 같은 중생을 교화하게 된다.

집착이든 병이든 논할 것 없이 단지 '아미타'라는 약으로써 중생을 다스려 중생들이 각자 허깨비와 같은 그림자 모습을 소멸하고 임종 시에 허깨비와 같은 극락에 왕생하게 해야 한다. 이와 같다면 이익이 절묘한데, 그 경지를 어떻게 언어로 설명할 수 있겠는가?"

⑥ 2016년, 고2 아들 출가시키고 염불하여 극락 간 백련화 보살

백련화 보살은 2014년 폐암 말기 진단을 받고 투병 중이었다. 산승의 권유로 염불 수행을 해 왔지만, 온 가족이 가행 염불하도록 독려하여 보살의 부모님을 비롯한 가족들이 환자를 도와서 함께 염불 정진을 했다. 임종이 임박한 1주일간은 모든 일을 전폐하고 전념 칭명염불로 환자가 염불을 놓치지 않도록 도와서 본인도 마지막까지 염불하여 목숨이 넘어가는 순간까지 입술을 움직이고 있었다. 그리고 잠들 듯이 아주 편안하게 눈을 감았다.

백련화 보살의 왕생을 믿게 된 일은 보살의 사촌 동생이 장례식장에 앉아서 잠깐 졸면서 꿈을 꾸었는데, 자기 누님 결혼식이라고 예식장에 갔는데 예식장이 얼마나 으리으리한지 지금까지 본 어떠한 궁전보다도 크고 장엄함에 놀라 황홀경에 빠져 식장 안으로 들어가서 보니 내부 환경 또한 형언하기 어려운 광경에 정신이 아찔할 지경이었다.

누님(백련화 보살)이 매형과 주례단 쪽으로 걸어가다가 주례단 앞에서 잡았던 신랑의 손을 놓고 갑자기 주례 선생은 사라지고 주례단이 세상에서 보지 못한 휘황찬란한 광명으로 변하면서 그 속으로 들어가는 장면을 보았다고 한다.

사촌 동생은 불자도 아니고 특별한 신앙을 가진 사람이 아닌데 현실처럼 본 장면을 이야기해 듣는 사람들이 백련화 보살이 왕생극락한 것이 분명하다고 하나같이 칭송하였다.

그 뒤 2개월쯤 지나 행자 생활을 하던 아들이 꿈을 꾸었는데, 어머니가 미소를 보이시며 깨끗한 면사포 같은 옷깃을 날리면서 오셨다. 아들이 "엄마, 지금 어디 계시느냐?"고 여쭈니, "두 번째 극락세계에 있다."라는 말씀을 남기시고 역시 바람을 타고 가시듯이 옷깃을 날리며 서쪽으로 가셨다고 하니, 하품중생인지 중품중생인지 헤아려 본다.

제3부

선정쌍수

참다운 공(空)은 무(無)가 아니다

최근 장례식장에 조문 갈 일이 있었다. 막상 도착해 보니, 처음에는 망자의 영혼이 전혀 느껴지지 않았다. 대중들과 함께 『아미타경』을 독송하고 '아미타불'을 염하다 보니, 그때서야 아미타 부처님과 함께 나타났다.

망자는 임종하자마자 곧바로 극락정토에 가서 평소에 좋아하던 꽃과 나무를 구경하고 있었던 것이다. 하지만 용모는 아직 살아생전의 나이 든 모습 그대로였다. 형편상 마정수기를 받지 못했기 때문이다. 이윽고 아미타 부처님께서 마정수기(摩頂授記)를 해 주시니, 곧바로 20대 극락 중생의 모습으로 변화했다.

그분은 재가자로서 96세에 임종하셨으니 호상(好喪)이었다. 다행히 임종하기 20일 전에 따님의 권유로 금련결사(金蓮結社)까지 가입하였으니, 생전에 복을 엄청 쌓으신 분이 틀림없다. 금련결사는 살아서는 모든 부처님의 호념을 받고, 죽어서는 극락정토 금빛연꽃에 태어나기를 발원하는 모임이다. 이를 믿고 꾸준히 정진하면, 임종 시에 금빛 연꽃이 나타나 곧바로 극락정토로 모셔간다.

육신은 죽더라도 영혼은 마음의 형상[相]으로 존재한다. 형상을 무시하면 공(空)에 떨어지고, 형상에 매달리면 상(相)에 떨어진다. 그러므로 형상에 매달려서도 안 되고, 형상을 무시해서도 안 되는 것이다. 도대체 어찌해야 할까?

『금강경』에서는 다음과 같이 설한다.

물질이나 음성으로 나를 찾고 구한다면
잘못된 길 가는 자라 여래 볼 수 없으리라.

하지만 『화엄경』에서는 이와는 다르게 설한다.

몸뚱이는 부처가 아니요,
음성 또한 그러하네.
하지만 몸과 음성을 떠나서,
부처님 신통력을 볼 수도 없다네.

『금강경』은 색즉시공인 제상(諸相) 비상(非相)의 도리로 형상에 대한 집착을 놓도록 설하고 있으며, 『화엄경』은 공즉시색인 제상(諸相) 실상(實相)의 도리로 형상을 잘 활용하도록 설하고 있는 것이다. 말하자면, 몸과 마음은 아바타지만 아바타를 떠나서 관찰자가 따로 있는 것도 아니다. 아바타와 관찰자는 둘이 아니요, 방편과 진실 또한 둘이 아니기 때문이다.

본래 성품은 공(空)한 것이다. 하지만 참다운 공[眞空]은 아무것도 없는 무(無)가 아니다. 애착이 아닌 발원으로 존재하는 묘유(妙有)

다. 지옥도 있고 천당도 있다. 이 세상도 있고 저 세상도 있다. 하지만 실체가 있는 것은 아니다. 다만 가상현실로서 존재할 뿐이다.

그러므로 형상에 집착하면 착유(着有)가 되고, 형상을 무시하면 공[假空]에 떨어진다. 그렇다면 어찌해야 할까? 형상은 다만 형상일 뿐이라고 알면서도 방편으로서의 형상을 잘 활용하는 것이 진정한 중도(中道) 수행인 것이다.

이를 『유마경』에서는 다음과 같이 설한다.

방편이 없는 지혜는 속박이요, 방편이 있는 지혜가 해탈이다.
지혜가 없는 방편은 속박이요, 지혜가 있는 방편이 해탈이다.

한마디로 지혜와 방편을 함께 갖추는 것이 진정한 해탈이다.
참선은 지혜요, 정토는 방편이다. 그러므로 참선과 정토를 함께 닦는 선(禪)·정(淨) 쌍수(雙修)야말로 진정한 해탈에 이르는 지름길이라고 하는 것이다.

참선은 제상(諸相) 비상(非相)이라, 살불살조(殺佛殺祖)하고
정토는 이상(以相) 치상(治相)이라, 활불활조(活佛活祖)하네.
죽이거나 살리기를 자유자재하면
살아서도 좋고, 죽어서는 더욱 좋네.

선(禪)·정(淨) 쌍수(雙修)!

1장

참선은 살불살조라, 있는 부처도 없애 버린다

6조 혜능의 행불(行佛)

6조 혜능(638~713) 선사는 "몸은 깨달음의 나무요, 마음은 밝은 거울이니, 부지런히 털고 닦아 먼지 묻지 않게 하라."는 신수 대사의 게송을 보고 이를 반박하는 게송을 지어 5조 홍인 선사로부터 의발을 전수 받았다.

깨달음에는 본래 나무가 없고
밝은 거울 또한 일정한 틀이 없네.
불성은 항상 청정하거늘
어느 곳에 먼지와 때가 끼겠는가?   -『육조단경』

이 게송은 몸과 마음은 일정한 실체가 없으니, 본래 성품이 공(空)함을 보아 단박에 깨쳐야 한다는 돈오(頓悟) 법문을 주창한 것이다. 『금강경』에서도 설하듯이 몸과 마음은 형상[相]이지 본성[性] 그 자체는 아니다. 그러므로 몸을 닦거나 마음을 닦는 데 매달리지 말고, 성품을 보아 단박에 돈오 견성할 것을 역설하고 있다.

이것은 매우 탁월한 안목인지라 많은 사람들의 눈을 밝혀주었다. 지엽에 매달려 있는 사람들에게 근본을 볼 수 있도록 해준 것이다. 하지만 몸과 마음에 실체가 없다는 6조 혜능 대사의 가르침을 전적으로 몸과 마음을 무시하라는 뜻으로 받아들여서는 안 된다. 몸과 마음에 실체는 없지만 작용은 있으며, 이를 잘 선용해야 하는 것이다.

6조 혜능 대사는 대중에게 무상계(無相戒)를 주면서 이렇게 세 번 제창하도록 한다.

"나의 몸(色身)의 청정 법신불에 귀의하오며, 나의 몸(色身)의 천백억 화신불에 귀의하오며, 나의 몸(色身)의 당래원만 보신불에 귀의합니다."

자기의 몸이야말로 삼신불이 깃들어 있는 청정한 법체라고 하는 것이다. 그러므로 결코 자신의 몸을 함부로 해서는 안 될 것이다. 이어서 6조 혜능 대사는 각자의 마음 또한 자성의 삼보(三寶)라고 표현하고 있다.

"자기의 마음이 깨달음에 귀의하여 삿되고 미혹이 나지 않고 적은 욕심으로 넉넉한 줄 알아 재물을 떠나고 색을 떠나는 것을 양족존(兩足尊)이라고 한다. 자기의 마음이 바름으로 돌아가 생각마다 삿되지 않으므로 바로 애착이 없나니, 애착이 없는 것을 이욕존(離慾尊)이라고 한다. 자기의 마음이 깨끗함으로 돌아가 일체의 번뇌와 망념이 비록 자성에 있어도 자성이 그에 물들지 않는 것을 중중존(衆中尊)이라고 한다."

자기의 마음이 재색(財色)을 떠나는 것이 부처에 귀의하는 것이고, 자기의 마음이 욕심을 떠나는 것이 법에 귀의하는 것이며, 자기의 마음이 번뇌에 물들지 않는 것이 승가에 귀의하는 것이다. 어찌 마음을 함부로 무시하고 방치할 것인가? 견성을 빙자한 막행막식이야말로 6조 혜능 대사의 취지를 곡해한 크나큰 폐단이 아닐 수 없다.

6조 혜능 대사는 7년이나 『법화경』을 외웠으나 아직 뜻을 모르는 법달에게 말씀하셨다.

"법달이여, 마음으로 행하면 『법화경』을 굴리고, 마음이 삿되면 『법화경』에 굴려지게 되느니라. 마음이 바르면 『법화경』을 굴리고, 마음이 삿되면 『법화경』에 굴려지게 되느니라. 부처님의 지견을 열면 『법화경』을 굴리고 중생의 지견을 열면 『법화경』에 굴려지게 되느니라."

중생지견으로 『법화경』에 매달리면 『법화경』에 굴림을 당하는 것이며, 불지견으로 『법화경』을 잘 활용하면 『법화경』을 굴리는 것이다. 이에 법달은 7년을 『법화경』에 굴리어져 왔지만, 앞으로는『법화경』을 굴려서 생각마다 부처의 행을 수행하겠다[修行佛行]고 말한다. 이에 대사께서 말씀하신다.

"부처의 행이 부처이니라[佛行是佛]."

부처의 행이 곧 부처라는 것은 자신의 행위가 곧 자신이라는 것이다. '나'라는 고정된 실체가 없기에 '나의 행위'가 나를 만들어간다. 귀한 이와 천한 자가 정해져 있는 것이 아니다. 천박한 행위를 하면 천박한 자가 되고, 고귀한 행위를 하면 고귀한 이가 된다. 부처의 행을 하면 부처가 되고, 중생의 행을 하면 중생이 된다. 어찌 몸과 마음을 무시하고 함부로 할 것인가? 오히려 몸과 마음의 주인이 되어서 잘 다스려야 함을 강조한 것이다.

앞서 자신의 성품을 보아야 한다고 강조했지만, 사실 몸과 마음을 떠나서 성품이 따로 있는 것도 아니다. 성품이 움직이면 마음이요, 마음을 일으키면 몸이 생겨난다. 성품과 마음, 성품과 몸은 결국 둘이 아닌 것이다. 그러므로 어떠한 마음가짐으로 어떠한 행위를 하느냐가 자신의 정체성을 결정한다.

그렇다면 부처님과 마음의 초점을 맞추고, 부처님 명호를 염하는 수행이야말로 최상의 선용이 아닐까? 『선정쌍수집요』에는 6조 혜능 대사가 '염불 공덕'을 매우 강조하고 있는 대목이 나온다.

한 구절 '나무아미타불'을 염하는 것이 만세의 괴로움을 뛰어나는 묘한 길이요, 부처를 이루고 조사가 되는 바른 원인이요, 삼계 인천의 안목이다.

마음을 밝히고 성품을 보는 지혜의 등불이요, 지옥을 깨뜨리는 용맹한 장수이며, 올바르지 못한 것을 베는 보검이요, 오천 대장경의 골수요, 팔만 총지의 중요한 길이다.

흑암을 여의는 밝은 등불이며, 생사를 벗어나는 훌륭한 방법이요, 고해를 건너는 타고 가는 배요, 삼계의 뛰어난 지름길이요, 최존 최상의 묘한 문이며, 무량무변의 공덕이니라.

– 홍인표, 『연종집요』

형상에 매달리면 상(相)에 떨어지고, 형상을 무시하면 공(空)에 떨어진다. 어차피 형상[相]과 본성[性]은 둘이 아니니, 차라리 상(相)을 선용하는 것이 지혜롭다. 이야말로 독을 다스려 약으로 바꾸어 놓는 것이다. 결국 형상으로써 형상을 다스리는 '아미타 명상'이 최상의 중도 수행이라고 하는 것이다.

마조도일의 평상심시도

   홍주 태안사 주지는 강사였는데, 마조도일(709~788) 선사를 비방하기만 했다. 하루는 저승사자가 찾아와 데려가려 했다. 겨우 하루의 말미를 얻은 태안사 주지는 개원사로 달려가 마조 스님께 목숨을 구걸했다. 마조 스님은 그를 곁에 서 있게 하였다. 날이 새자 저승사자는 태안사와 개원사로 와서 주지를 찾았으나 찾지 못했다. 이때, 마조 스님과 태안사 주지는 저승사자를 보았으나, 저승사자는 스님과 주지를 보지 못했다고 한다.

   어째서 스님과 주지의 눈에는 저승사자가 보였지만, 그는 마조 스님과 주지를 볼 수 없었을까? 마조 스님은 항상 '평상심(平常心)이 도'라고 설했다.

   "도(道)는 닦을 것이 없으니 물들지만 말라[道不用修 但莫汚染]. 무엇을 물듦이라 하는가? 생사심(生死心)으로 작위와 지향이 있게 되면 모두가 물듦이다. 그 도를 당장 알려고 하는가? 평상심이 도이다. 무엇을 평상심이라고 하는가? 조작이 없고, 시비가 없고, 취사(取捨)가 없고, 단상(斷常)이 없으며, 범부와 성인이 없는 것이다."

결국 평상심은 분별이 없는 마음, 즉 무분별심이다. 이처럼
평상심으로 사는 마조 스님을 저승사자의 분별심으로는 볼 수
없었을 것이다. 또한 마조 스님께 생사를 온통 맡겨버리는 확고
부동한 신심을 갖고 곁에 서 있던 태안사 주지도 볼 수 없었던
것이 아닐까?

평상심이란 평상시의 마음을 뜻한다. 평상시의 우리 마음은
시비분별을 떠나 있다. 비록 시시각각으로 안팎의 역순경계(逆
順境界)에 흔들리고 있는 듯하지만, 가만히 살펴보면 평온을 기
저로 하고 있음을 알 수 있다. 다만 사랑하거나 미워하는 경계에
부딪쳐 홀연히 분간하고 선택할 따름인 것이다.

나무는 가만히 있고자 하나, 바람은 나무를 그대로 두지 않는
다. 사바세계의 풍파(風波) 또한 그대를 가만히 두지 않는다. 이
고해(苦海)의 풍파 속에서 그대는 한생각도 일으키지 않을 자신
이 있는가?

백장회해의 불매인과

당나라 백장회해(749~814) 선사가 법을 설할 때, 매양 와서 듣는 노인이 있었다. 하루는 법문이 끝나고도 가지 않고 남아서 백장 선사에게 말했다.

"저는 과거 가섭불 때에 이 산에 살았습니다. 어떤 학인이 '크게 수행하는 이도 인과에 떨어집니까?' 하고 묻기에 '인과에 떨어지지 않는다[不落因果].'라고 답했다가 여우의 몸을 받았습니다. 바라옵건대 화상께서 한마디 대신해 주십시오."

"물어보거라."

"크게 수행하는 이도 인과에 떨어집니까?"

"인과에 어둡지 않느니라[不昧因果]."

노인이 말끝에 크게 깨닫고 하직 인사를 하며 말하였다.

"저는 이미 여우의 탈을 면했습니다. 이 산 뒤에 시신이 있으니, 죽은 스님을 천도하는 법식으로 천도해 주십시오."

사바세계에서는 대수행인도 인과에 어둡지 않을 뿐, 인과를 달게 받아들일 뿐, 인과를 벗어날 수는 없다는 것을 잘 보여주는 일화다.

백장 선사가 어느 날 저녁 깊은 잠에서 깨어나 갑자기 따끈한 물을 마시고 싶어졌다. 그러자 조금 뒤에 누군가가 문을 두드려 시자를 부르면서 말했다.

"큰스님께서 따끈한 물을 드시고자 하오."

시자가 벌떡 일어나 물을 끓여 선사에게 가져가니, 선사가 놀라 물었다.

"누가 그대더러 이렇게 물을 끓여오라 하던가?"

시자가 앞의 일을 자세히 이야기하니, 선사가 손가락을 튕기면서 탄식했다.

"노승이 시종 수행하는 법을 모르고 있었도다. 만일 수행하는 줄 아는 사람이라면 사람도 느끼지 못하고 귀신도 알지 못해야 하는데, 오늘 나는 토지신에게 내 마음을 들켜 버렸구나."

－『선문염송』

백장 선사 같은 대 선지식도 한생각 일으켜 토지신에게 들켜 버렸다. 그 누군들 벗어날 수 있으리오? 사바세계는 인과법으로 설계한 가상현실이다. 설사 도를 닦아 해탈했다 하더라도 다만 인과에 어둡지 않을 뿐이다.

황제의 따귀를 때린 황벽 선사

당나라 황벽(?~850) 선사가 대중들을 흩어지게 하고 홍주 개원사에 있는데, 어느 날 배 상국(相國)이 들어왔다가 벽에 걸린 초상화를 보고 원주에게 물었다.

"벽에 걸린 것이 무엇인가?"

"큰스님들의 초상입니다."

"초상은 볼 만한데 큰스님들은 어디에 계시오?"

원주가 말이 막히거늘, 배 상국이 다시 물었다.

"여기 참선하는 스님이 계시오?"

"희운이라는 수좌 하나가 있는데, 참선하는 납자 같았소."

이에 배 상국이 선사를 불러서 앞의 일을 들어 이야기하니, 선사가 말하였다.

"마음대로 물으시오."

"초상은 볼 만한데, 큰스님은 어디에 계시오?"

선사가 불렀다.

"상공(相公)!"

배 상국이 대답을 하거늘, 선사가 말하였다.

"어디에 계시오?"
배 상국이 말끝에 활짝 깨달았다.

배 상국은 과연 무엇을 깨달은 것일까?

당나라 선종 황제는 황제가 되기 전 잠시 출가하여 염관사에서
숨어 지낸 적이 있었다. 어느 날 황벽 선사가 정성스레 불상에
예배를 하니, 대중(大中, 훗날 선종 황제)이 물었다.
"불법승(佛法僧) 어디에서도 구하지 말라고 하셨는데, 무엇을
구하여 예배하는 것입니까?"
"불법승 어디에서도 구하지 않기에, 이처럼 예배하는 것이니
라."
"예배를 해서 무얼 하겠다는 겁니까?"
이 말을 듣자마자, 황벽 선사가 대중의 뺨을 후려쳤다.
"너무 거칠지 않습니까?"
"여기 무엇이 있다고 거칠다고 하는 것인가?"
그러면서 황벽 선사는 또다시 뺨을 후려쳤다.   - 『선문염송』

훗날 황제가 된 대중 스님은 그때의 기억으로 황벽 선사의 시
호를 '행동이 거친 스님[麤行沙門]'이라고 내려 주었다. 그러자 황
벽 선사를 생불(生佛)처럼 모시던 정승 배휴가 황제에게 간청하
니, 따귀 석 대를 때려 '과거 · 현재 · 미래의 삼제(三際)를 끊어 주

었다'는 뜻인 단제 선사(斷際禪師)라고 바꾸어 시호를 내렸다.

예불을 하자니 상(相)에 떨어지고
예불을 하지 않으면 공(空)에 떨어진다.
그렇다면 과연 어찌해야 할 것인가?

황벽이 삼제를 끊어주니
다만 예불 드릴 뿐!
예불 드리는 자는 없다.
바로 지금 여기에서 이것뿐!

임제의현의 살불살조

"가는 곳마다 주인공이 되면, 있는 곳마다 진리다(隨處作主 立處皆眞)."라는 말로 유명한 임제의현(?~866) 선사는 설한다.

"도 닦는 이들이여! 법다운 견해를 터득하려면 남에게 끌려다니지 말라. 안으로나 밖으로나 만나는 대로 모두 죽여라. 부처를 만나면 부처를 죽이고[殺佛], 조사를 만나면 조사를 죽여라[殺祖]. 아라한을 만나면 아라한을 죽이고, 부모를 만나면 부모를 죽이며, 권속을 만나면 권속을 죽여라. 그래야 비로소 해탈을 얻어 사물에 구속되지 않고 투철히 벗어나 자유 자재해진다."

— 『임제록』

부처와 조사는 물론 부모까지 죽이라니? 도대체 이게 무슨 말인가? 진정으로 도 닦는 사람은 부처에도 조사에도 삼계의 뛰어난 경계에도 집착하지 않아야 한다. 삼계는 오직 마음일 뿐이며, 모든 존재는 다만 알음알이[識]일 뿐이니, 꿈과 같고 아바타와 같은 허공 꽃[空華]을 애써 붙들려 하지 말아야 한다.

"무명(無明)이 아버지이니, 한생각 마음이 일어나고 사라지는 곳을 찾을 수 없어 마치 허공에 메아리 울리듯 하고, 어디 가나 아무 일 없는 것이 아버지를 죽이는 것이다. 탐내고 사랑함이 어머니이니, 한생각 마음이 욕계에 들어가 그 탐내고 사랑함을 찾아보아도 오직 모든 법이 빈 것을 볼 뿐, 어디에도 집착하지 않는 것이 어머니를 죽이는 것이다."

다소 거친 표현이지만, 결국 안팎으로 일체 구하는 바가 없어야 한다는 것이다. 일찍이 달마 대사는 『이입사행론』에서 '일체 구하는 바 없는 수행[無所求行]'을 강조한 바 있다. 서산 대사 또한 『선가귀감』에서 다음과 같이 설하고 있다.

"대장부는 부처나 조사 보기를 원수같이 해야 한다. 만일 부처님에게 매달려 구하는 것이 있다면 부처님에게 얽매인 것이고, 조사에게 매달려 구하는 것이 있다면 조사에게 얽매여 있는 것이다. 무엇이든지 구하는 것이 있으면 모두 고통이므로 일 없는 것만 같지 못하다."

부처나 법은 모두가 명칭과 말, 개념과 문장일 뿐이다. 어린 아이를 달래고 병에 따라 약을 쓰는 것과 같다. 하지만 약을 쓰지 않고 어찌 병을 고칠 수 있으랴?

동산양개의 '이것뿐!'

균주 동산양개(807~869) 선사가 운암 선사에게 물었다.

"백 년 뒤에 갑자기 누가 묻기를 '스님의 진영을 그릴 수 있겠습니까?' 한다면 무엇이라 대답하시겠습니까?"

운암이 양구(良久)했다가 말했다.

"다만 이것뿐[只這是]이니라."

이에 선사가 우두커니 생각에 잠기니, 운암이 말하였다.

"이 일을 알아들으려면 반드시 자세히 살펴야 되느니라."

선사가 그래도 의심에 잠기었는데, 나중에 물을 건너다가 그림자를 보고 크게 깨달았다.　　　　　　　　　　 － 『선문염송』

동산 선사는 어려서 우연히 절에 가서 『반야심경』 강의를 듣게 되었다. 그 내용 가운데에 "눈·귀·코·혀·몸·뜻이 없다[無眼耳鼻舌身意]"는 대목에서 의문을 품게 되었다. 아니, 눈과 귀가 엄연히 있건만, 어째서 없다고 하는 것일까?

결국 출가하여 선지식을 참문하고 다니다가 마침내 운암담성을 만나 '다만 이것뿐!'을 깨치게 된 것이다. 유와 무를 초월한

'이것뿐'이다. "눈은 눈! 귀는 귀! 이름이 있을 뿐 실체는 없다. 유명무실(有名無實)인 것이다. 바로 지금 여기에서 이것뿐!"

이러한 가풍을 이어받은 일본 조동종의 개조(開祖)인 도겐(道元) 선사는 '다만 앉아 있을 뿐[只管打坐]'을 강력히 주창하고 있다.

좌선은 깨달음을 위한 수단이 아니고
그 자체가 부처로서 완성된 행위이다.
순수하게 수행 그 자체가 깨달음인 것이다.
선승이 탁월하게 되는 첫째 마음가짐은
'오직 앉아있을 뿐'에 있는 것이다.

불도를 배우는 것은 자기를 배우는 것이다. 자기를 배우는 것은 자기를 잊는 것이다. 자기를 잊는 것은 모든 사물이 스스로 명확해지는 것이다. 자신도 타인도 해탈시키는 것이다. 다만 앉아있을 뿐, 앉은 자는 없다. 이것뿐!

문수보살을 주걱으로 후려친 무착 선사

무착문희(820~899) 선사가 오대산에서 문수보살을 만나니, 문수보살이 유리잔을 들어 무착에게 물었다.

"남방에도 이런 것이 있는가?"

"없습니다."

"그렇다면 무엇으로 차를 마시는가?"

무착이 대답을 못하고 있다가 해가 지자 자려고 하니, 문수가 말했다.

"그대는 집착하는 마음이 있으니, 여기서 잘 수 없다."

"저는 집착하는 마음이 없습니다."

"그대는 계를 받은 지 얼마나 되는가?"

"20년입니다."

"집착하는 마음이 없다는 말을 몹시 좋아하는구나."

그리고 균제 동자를 시켜서 내쫓으라고 하였다.

밖으로 나가면서 무착이 동자에게 물었다.

"아까 이곳 대중의 수효를 물으니, 문수보살께서 '앞도 삼삼, 뒤도 삼삼'이라고 하셨는데, 그게 얼마인가?"

"대덕이시여!"

무착이 고개를 돌리자, 동자가 물었다.

"그게 얼마입니까?"

그러자 무착이 보니 변화로 된 절에 편액이 없는지라, 동자에게 물었다.

"이 절의 이름이 무엇인가?"

동자가 손으로 금강신장의 등 뒤를 가리키며 말하였다.

"보십시오."

무착이 고개를 돌리니, 변화로 된 절도 자취를 감추었다.

－『선문염송』

삼삼은 구요, 구구는 팔십일이다. 등식은 진리다. 그 밖에 무엇이 있겠는가? 말 그대로 산은 산, 물은 물인 것이다. 숫자와 이름에 집착하는 무착에게 동자와 절이 자취를 감춘 것은 무슨 소식인가? 동자는 아바타요, 절 또한 가상현실이다. 어차피 모두 환상이거늘 절 이름은 물어 무엇 하리오?

그 뒤로 무착은 오대산에서 공양주를 맡고 있었다. 그러자 이번에는 문수가 무착이 죽을 쑤는 솥 위에 나타났다. 그러나 무착은 이제 문수가 나타날 때마다 죽 젓는 주걱으로 후려치며 말했다.

"문수는 문수고, 무착은 무착이다."

처음에는 형상에 집착하더니, 나중에는 형상을 무시하는 무착이여! 형상에 매달리면 상(相)에 떨어지고, 형상을 무시하면 공(空)에 떨어진다. 그렇다면 어찌해야 할 것인가?

형상을 잘 활용해야 한다. 얼른 주걱을 내려놓고 합장하며 다시 문수보살에게 법을 물었어야 했다. 선재동자가 법을 묻듯이. 그러면 문수보살이 최초의 선지식으로 염불법문을 설하는 덕운 비구를 소개해 주었을 터인데. 쯧쯧쯧!

대혜종고의 돈오점수

수행자가 단박 깨침[頓悟]을 언뜻 체험할 수는 있다. 하지만 진정 자기 것으로 만들어 계속 지켜나가기는 어렵다. 그래서 6조 혜능 선사 같은 대선지식도 견성(見性)한 후 오랜 세월을 보림(保任)한 연후에야 법을 펴기 시작한 것이다. 『능엄경』에서는 다음과 같이 설한다.

"이치는 곧 단박에 깨침이라. 깨달음과 함께 (내가) 없어져야 하지만, 현실에서는 단번에 사라지지 않는다. (색·수·상·행·식) 차례대로 없어진다."

간화선의 종장인 대혜종고(1089~1163) 선사도 『편지글[書狀]』에서 이 구절을 인용하여, 스스로 깨쳤다고 주장하는 이 참정에게 다음과 같이 강조하고 있다.

"이 일은 결코 쉽지 않습니다. 그러므로 모름지기 부끄러운 마음을 내야 합니다. 종종 근기가 영리하고 지혜가 뛰어난 사람은 힘을 쓰지 않고 깨침을 얻어 마침내 쉽다는 생각에 다시 수행하지 않습니다.

그 결과 눈앞의 경계에 끌려다녀서 주인이 되지 못합니다. 날이 오래고 달이 깊어지면 미혹하여 돌아오지 못하고 도력이 업력을 이기지 못하니, 마구니가 그 짬을 얻어 결국 포섭당하고 마는 것입니다. 이렇다면 목숨 마칠 때에 또한 힘을 얻지 못하리니, 천만 번이라도 기억해야 합니다.

지난번에 '이치는 곧 단박에 깨침이라. 깨달음과 함께 (내가) 없어져야 하지만, 현실에서는 단번에 사라지지 않는다. 차례대로 없어진다.'라고 하였습니다. 이 말을 행·주·좌·와에 절대 잊어버리지 마십시오."

화두를 들다가 한순간 견성한 것은 수행의 끝이 아니다. 다만 진정한 수행의 시작일 뿐이다. 견성이란 말 그대로 성품을 본 것이다. 성품은 본래 공한 것이다. 이치로는 더 이상 닦을 것도 없고 깨칠 것도 없다. 하지만 현실에서의 몸과 마음의 형상은 단번에 사라지지 않는다. 몸에 대한 애착이 먼저 쉬고, 느낌에 대한 집착·취사에 대한 집착·선택에 대한 집착·알음알이에 대한 집착의 순으로 차츰 쉬어지는 것이다.

형상을 무시하면 공(空)에 떨어지고, 형상에 매달리면 상(相)에 떨어진다. 형상이 형상인 줄 알면서, 이를 잘 활용하는 것이 중도(中道) 수행이자 오후보림(悟後保任)이다.

삼독(三毒)을 삼요(三要)로 바꾼 고봉 선사

고봉원묘(1238~1291) 선사는 15세에 출가하여 처음에는 천태교를 익히다가, 옷을 바꾸어 입고 정자사(淨慈寺)에서 3년 동안 각고의 정진을 하였다. 1259년 단교묘륜 선사에게서 '태어날 때는 어디에서 오며, 죽으면 어디로 가는가?'라는 화두를 받았다. 또한 북간탑의 앙산조흠 선사에게서 무자(無字) 화두를 받음과 동시에 '송장 끌고 다니는 놈이 누구냐?'라는 화두를 참구하였다.

1261년 일찍이 단교 화상에게서 받은 '만법귀일' 화두에 의심이 생겨 침식을 잊고 참구하였다. 그리고 엿새째 되는 날 대중을 따라 삼탑사에 가서 경을 읽다가 오조법연 화상의 영정에 쓰인 '백년 삼만 육천일에 반복하는 것이 원래 이놈'이라는 구절을 보고, 앞서의 '송장 끌고 다니는 놈이 누구냐?'라는 화두를 깨쳤다.

이렇게 화두를 참구한 고봉 화상은 자신의 공부를 거울삼아 참선을 제대로 하고자 한다면, 모름지기 세 가지 중요한 마음가짐(三要)을 갖추어야 한다고 설하고 있다.

첫째 대신심이 있어야 하니, 이 일은 수미산을 의지한 것과 같음을 알아야 한다.

둘째 대분심이 있어야 하니, 마치 부모를 죽인 원수를 만나 단칼에 두 조각을 내고자 함과 같아야 한다.

셋째 대의심이 있어야 하니, 마치 어두운 곳에서 한 건의 지극한 일이 막 드러나고자 하나 아직 드러나지 않음과 같아야 한다.

온종일 이 세 가지를 갖출 수 있다면 하루가 다하기 전에 공을 이룸이 마치 장독 속에 있는 자라가 달아날까 근심하지 않음과 같다. 하지만 그중에 하나라도 빠진다면 마치 다리 부러진 솥이 마침내 못 쓰는 그릇이 되는 것과 같다.　　　　　－『선요』

요컨대 화두를 제대로 참구하고자 하는 이는 대신심(大信心)·대분심(大憤心)·대의심(大疑心)을 갖추어야 한다. 마음에 실체가 없다고 무시해서는 절대 안 된다. 오히려 삼독(三毒)인 탐욕·성냄·어리석음을 삼요로 활용하는 것이 수행의 요체다.

탐욕은 대신심으로 전환한다. 자신을 위한 욕심을 삼보에 대한 신심으로 전환하는 것이다. 분노는 대분심으로 전환한다. 남을 향한 분노를 자신을 향한 분발심으로 전환하는 것이다. 어리석음은 의심으로 전환한다. '오직 모를 뿐'인 마음으로 화두에 대한 의심에만 투철해지는 것이다. 이 세 가지만 갖추면 공부는 저절로 이루어진다.

2장
정토는 활불활조라,
없는 부처도 살려 낸다

극락은 마음속에 있다?

최근에 어떤 불자님에게 극락정토와 관련해 아미타 명상을 권하니, 불쑥 말했다.

"극락은 마음속에 있는 것 아닙니까?"

하하하! 과히 틀린 말은 아니다. 허공이 마음에서 일어났으니, 허공 속의 세상인 극락정토 또한 '마음속'에 있다고 말할 수는 있겠다. 하지만 이런 때의 '마음'은 흔히 생각하는 그러한 마음이 아니다. '모든 존재는 다만 마음의 조작일 뿐[一切唯心造]!'이라고 할 때의 그 마음, 즉 '본마음'을 말한다.

본마음은 우주보다 크다. 본마음에서 허공이 나왔고, 허공에서 우주가 생겨났다. 그러니 이 몸속에 있는, 때로는 이 몸보다 더 작게 작동하는 '내 마음'이 아닌 것이다. 극락정토는 아미타 부처님의 한량없이 큰마음, 즉 48대원에 의해서 장엄되었다. 그러니 이에 부합해야 갈 수 있다. 그 가운데 특히 제18원은 중생들에게 매우 중요하다.

"제가 부처가 될 적에 시방세계의 중생들이 저의 나라에 태어나고자 신심과 환희심을 내어 제 이름을 다만 열 번만 불러도 저의 나라에 태어날 수 없다면, 저는 차라리 부처가 되지 않겠습니다."

'아미타불'을 열 번만 불러도 극락정토에 갈 수 있다고? 어떤 사람이 이러한 말을 듣고, 그렇다면 지금부터가 아니라 죽기 직전에만 열심히 해도 될 것이라 생각했다. 다만 그때에 닥쳐 혹시 생각나지 않을 수도 있으니 사방의 벽과 천장 그리고 방바닥까지 보이는 곳마다 '나무아미타불'이라 써놓았다. 하지만 막상 죽음이 닥쳐오니 '나무아미타불'의 '나' 자도 제대로 나오지 않았다. 기가 막혀서 말도 안 나온다고 하지 않는가? 죽을 때가 되면 당연히 기가 막힌다. 그러니 지금부터 준비해두어야 한다.

극락정토에 태어나는 것은 웬만한 복 닦기와 도 닦기로는 불가능하다. 아미타불 설함 듣고, 그 명호를 굳게 지녀 하루·이틀·사흘·나흘·닷새·엿새·이레 동안 일심불란 염(念)하여야 가능하다.

또한 시방세계의 중생들이 보리심을 일으켜 공덕을 쌓고 지성으로 극락정토에 태어나고자 원을 세우면, 임종 시에 아미타불이 대중들과 함께 마중 오신다. 상품연화로 갈 사람은 부처님께서 직접 오신다. 중품연화로 갈 사람은 아바타를 보내신다. 하품연화로 갈 사람은 꿈에서 나타나신다. 어디로 가고 싶은가?

위제희 부인의 서원

위제희 부인이 부처님께 사뢰었다.

"원하오니 세존이시여, 저를 위하여 괴로움과 번뇌가 없는 처소를 자상하게 말씀하여 주옵소서.

저는 마땅히 그곳에 태어나겠으며, 이 염부제와 같이 혼탁하고 사나운 세상에는 아예 살고 싶지 않습니다. 이 더럽고 악한 세상에는 지옥과 아귀와 축생이 충만하고 못된 무리들이 너무나 많습니다. 저는 다음 세상에서는 나쁜 소리를 듣지 않고, 사나운 무리들을 만나고 싶지 않습니다.

지금 저는 부처님 앞에 오체 투지하여 참회하오며 구원을 비옵니다. 진정으로 원하오니 중생의 태양이신 부처님께서는 저에게 청정한 업으로 이루어진 안락한 세계를 보여주옵소서."

그때 부처님의 양미간에서 찬란한 금색 광명이 발하여 한량없는 시방세계를 두루 비추고 그 광명은 다시 돌아와서 부처님의 정수리에 머물러 마치 수미산과 같은 황금의 좌대가 되었다. 그리고 시방세계 모든 부처님들의 청정 미묘한 불국토는 모두 그 가운데 나타나 있었다. 그런데 어느 국토는 칠보로 이루어

지고, 어느 국토는 순수한 연꽃만으로 되어 있으며, 어느 국토
는 자재천궁과 같이 장엄하고, 어느 국토는 수정의 거울과 같
이 영롱한데, 이와 같이 헤아릴 수 없는 불국토들을 분명하게
바라볼 수 있었다.   –『관무량수경』

위제희 부인은 빔비사라왕의 왕비였다. 아들인 아사세 왕자
가 반란을 일으켜 왕을 유폐하고 일체 먹을 것을 끊어버렸다. 이
에 왕비는 자신의 몸에 꿀 과자를 바르고 영락에 마실 것을 담아
면회를 가서 왕이 연명할 수 있도록 하였다. 하지만 이를 알게
된 아사세가 위제희 부인을 가두어 면회조차 갈 수 없도록 만들
었다.

이에 슬퍼하는 위제히 부인에게 부처님께서 아바타의 모습을
나타내어 그녀에게 청정 미묘한 불국토를 두루 보여주신 것이
다.

아미타불의 극락세계를 택하다

위제희 부인이 부처님께 사뢰었다.

"세존이시여, 이러한 여러 불국토는 모두 다 청정하고 광명이 충만합니다. 그러나 저는 그중에서도 아미타불이 계시는 극락 세계에 가서 태어나길 원합니다. 바라옵건대 세존이시여, 저에게 극락세계에 왕생하기 위한 마음가짐과 바른 수행법을 말씀해 주소서."

이 말을 들으신 부처님께서 미소를 지으시니, 오색 광명이 입에서 나와 그 찬란한 빛이 갇혀있는 빔비사라왕의 머리 위에 비추었다.

빔비사라왕은 비록 옥중에 갇혀있는 처지였으나 문득 마음의 눈이 훤히 열려 멀리 부처님을 뵙고 엎드려 예배드리고 나니, 자연히 욕계의 번뇌가 끊어지고 한번 가면 다시 욕계에 태어나지 않는 아나함과를 성취하게 되었다.

"부인은 잘 모르겠지만 아미타불은 결코 멀리 계시는 것이 아닙니다. 부인은 마땅히 마음을 가다듬어 청정한 원으로 이루어진 저 극락세계를 자세히 관찰하세요.

나는 지금 부인을 위하여 널리 가지가지 비유를 들어 다음 미래 세상의 모든 중생들도 청정한 업을 닦아 서방 극락세계에 왕생할 수 있도록 하겠습니다."　　　　　　　－『관무량수경』

위제희 부인은 여러 불국토 가운데 아미타불이 계시는 극락세계에 가기를 택하였다. 『아미타경』에서는 극락정토가 십만 억 불국토를 지나서 있다고 했지만, 『관무량수경』에서는 결코 멀리 있는 것이 아니라고 하였다.

극락정토는 십만 억 불국토를 지나서 있는 곳이다. 자신의 힘만으로 가려면 아무리 열심히 해도 도달하기 어렵다. 자신의 원력에다가 그 위에 아미타 부처님의 가피력이 있어야만 눈 깜짝할 순간에 도달할 수 있는 것이다.

극락 세계를 관찰하라

부처님께서 아난과 위제희 부인에게 말씀하셨다.

"나는 이제 위제희 부인과 미래 세상 모든 중생들이 서방 극락세계를 관찰하도록 가르쳐 주리라. 그래서 그들은 부처님의 위신력에 의지해 저 청정한 극락세계를 바라보는 것이 마치 맑은 거울에 자기 얼굴을 비쳐 보는 것과 같이 분명하게 볼 것이니라.

그리하여 극락세계의 지극히 미묘한 장엄과 즐거운 일들을 보고 나면 그 마음은 환희에 사무쳐 바로 불생불멸의 진리를 깨닫는 무생법인(無生法忍)을 얻게 되리라." —『관무량수경』

서방 극락세계를 관찰하면, 마음은 환희에 사무쳐 무생법인을 얻는다. 무생법인이란 불생불멸의 진리다. 어째서 그럴까? 『화엄경』에서는 설한다.

마음은 마치 화가와 같아서
능히 모든 세상을 그려내나니

일체 존재가 이로부터 생겨나
무엇이든 만들어낸다.

삼세의 모든 부처를
진정으로 알고자 한다면
응당 법계의 성품을 관찰하라.
모든 것은 오직 마음의 조작일 뿐!

이 세상은 화가의 그림과 같다. 모든 세상은 다만 마음이 그
려낸 가상현실이라고 하는 것이다. 사바세계는 인과법에 입각한
윤회게임 가상현실이다. 극락세계는 진공묘유에 입각한 해탈게
임 가상현실이다. 마음에 그리는 대로 실현된다. 그렇다면 어떤
그림을 그릴 것인가? 지금부터 서방 극락세계를 마음으로 그리
며 해탈게임을 시작하도록 하자.

서방 극락 세계를 관찰하는 16관법(觀法)

제1관: 지는 해를 상상하라 (日想觀)

제2관: 맑은 물을 상상하라 (水想觀)

제3관: 보배 땅을 상상하라 (地想觀)

제4관: 보배 나무를 상상하라 (寶樹觀)

제5관: 보배 연못을 상상하라 (寶池觀)

제6관: 보배 누각을 상상하라 (寶樓觀)

제7관: 연화좌를 상상하라 (蓮花座觀)

제8관: 불보살을 상상하라 (佛菩薩觀)

제9관: 무량수불을 상상하라 (無量壽佛觀)

제10관: 관세음보살을 상상하라 (觀音觀)

제11관: 대세지보살을 상상하라 (大勢至觀)

제12관: 자신의 왕생을 상상하라 (往生觀)

제13관: 연못 위의 불상을 상상하라 (佛像觀)

제14관: 상배관 (上輩觀)

제15관: 중배관 (中輩觀)

제16관: 하배관 (下輩觀)

제1관~3관은 극락의 해와 물과 땅을 상상하는 것이다.

제4관~6관은 보배로 장식된 나무와 연못, 누각을 상상한다.

제7관~13관은 연화대와 불보살 및 자신의 왕생을 상상한다.

제14관~16관은 구품극락을 각각 상·중·하로 나누어 상상한다.

지는 해·맑은 물·보배 땅 관찰

서쪽을 향하여 단정히 앉아서 해를 똑똑히 보라. 곧 지려는 해가 마치 서쪽 하늘에 매달린 북과 같음을 보라. 해를 보고 난 후에도 눈을 감거나 뜨거나 그 영상이 한결같이 분명히 보이도록 하라.

다음에는 물을 생각하라. 물이 맑아서 투명함을 생각하여 영상이 흩어지지 않도록 하라. 이미 물을 보았으면 얼음을 생각하라. 얼음이 투명하게 비침을 보고 나서 다시 유리를 생각하라. 유리로 된 땅의 안팎이 환히 꿰뚫어 비침을 생각하라. 이러한 유리 땅의 관조가 이루어지면, 눈을 감으나 뜨나 그 영상이 흩어지지 않도록 하며, 다만 잠잘 때 외에는 항상 깊이 생각해야 한다.

이와 같이 생각하면 극락세계를 대강 보았다고 하겠으나, 더욱 깊이 관조하여 마침내 삼매를 얻으면 실제로 저 극락세계를 분명히 보게 되는 것이다.　　　　　　　　　　　　　－『관무량수경』

먼저 지는 해를 상상하고, 다음에는 물이 맑아서 투명함을 상상한다. 이어서 유리로 된 땅이 안팎이 환히 꿰뚫어 비침을 상상한다. 지는 해와 투명한 물, 그리고 투명한 땅이 어우러진 광경을 상상한다. 이와 같이 관조하여 삼매를 얻으면, 그는 팔십억 겁 동안 생사에 윤회하는 죄업을 없애고 수명이 다할 때 반드시 극락세계에 태어난다. 이처럼 관조하는 것을 올바른 정관(正觀)이라 하고, 달리 관조함을 삿된 사관(邪觀)이라 한다.

『염불각자열전』에서는 혜원 대사가 임종 무렵 나타난 모든 광경이『관무량수경』에서 설해놓은 16관의 풍경과 하나도 다를 바가 없었다고 한다.

"어느덧 혜원 대사의 세수가 83세가 되셨다. 그해 7월 그믐날이었다. 저녁에 허공을 쳐다보니 아미타 부처님의 금색신이 허공에 가득차 보이며 부처님의 원광(圓光) 안에 무수한 화불(化佛)이 계셨다. 관음 · 세지 두 보살은 좌우에 부처님을 모시고서 계셨다.
열네 줄의 물줄기가 광채를 내며 상하로 흐르는 가운데 아름다운 음성이 울려 나오고 있었다. 그런데 그 음성은 고와 공, 무아와 무상의 묘법을 설하고 있었으며, 그 밖에 가지가지의 찬란하고 아름다운 장엄들이 펼쳐져 있었다."

보배나무 · 보배연못 · 보배누각 관찰

보배나무를 관할 때는 먼저 보배 나무 하나하나를 관하여 그 보배나무가 일곱 줄로 늘어서 있음을 생각하라. 나무마다 높이가 팔천 유순이나 되며, 모든 나무는 칠보의 꽃과 잎을 달고 있다. 그리고 낱낱의 꽃과 잎은 여러 가지 보배 빛깔로 이루어졌는데, 유리에서는 황금빛이 나고, 수정에서는 붉은 빛이 나고, 마노에서는 자거의 빛이 나고, 자거에서는 푸른 진주 빛이 난다. 그 밖에 산호와 호박과 모든 여러 보배로 꾸며져 있다.

다음에는 보배연못의 물을 생각하라. 저 극락세계에 여덟 가지 공덕을 갖춘 보배 연못의 물이 있는데, 연못물마다 일곱 가지 보배로 이루어지고 그 보배는 부드럽고 연하여 구슬의 왕인 여의보주에서 흘러나왔느니라.

온갖 보배로 장엄된 국토의 경계마다 오백 억의 보배로 된 누각이 있으며, 그 누각에는 수많은 천상사람들이 천상음악을 연주하고 있다. 그 악기들은 천상의 보배깃발처럼 허공에 매달려 저절로 미묘하게 울리는데, 그 음률은 모두 부처님을 생각하고 불법을 생각하고 승가를 생각하도록 한다. ─『관무량수경』

일곱 겹의 보배나무와 꽃, 그리고 보배연못의 팔공덕수를 상상한다. 팔공덕수는 아주 맑고, 시원하고, 감미롭고, 부드러우며, 윤택하고, 온화하고, 편안해지며, 선근을 늘려주는 여덟 가지 공덕을 갖춘 물이다. 또한 보배로 된 누각이 있어 천상음악이 연주되고 있는데, 그 음률은 모두 '삼보에 대한 명상'이 저절로 이루어지도록 한다.

『극락 간 사람들』에서는 말년에 '나무아미타불'을 열심히 염하던 김병천 거사가 아내에게 다음과 같이 말한다.

"나는 얼마 안 있다가 극락세계라는 곳으로 간다. 내가 꿈이 아닌 현실에서 극락세계를 가 보았는데 참으로 묘하더라. 내 평생 조경을 해왔지만, 그렇게 아름다운 곳이 없더라. 꽃과 나무와 풀들이 조화롭게 가꾸어졌는데, 이 세상에 없는 많은 꽃이 피어 있고 집들도 너무 아름다울 뿐 아니라, 이 세상에서 보지도 못한 흰 새와 파란 새 등 많은 새들이 날아다니고 지저귀는데 너무 좋더라."

그리고 두 손을 차수하고 있기에 "왜 차수를 하느냐?"면서 손을 내리려 하자 "극락세계에 갔더니 내 뒤로 왕궁의 내시 같은 두 사람이 차수를 하고 양쪽 뒤에서 따라다녀, 나도 미안해서 차수를 한다."고 했다.

연화좌 · 불보살 관찰

아미타불을 뵙고자 하면 마땅히 다음과 같은 생각을 일으켜야 한다. 먼저 칠보로 된 땅 위에 피어 있는 연꽃을 생각하라. 그리고 그 연꽃의 꽃잎마다 백 가지 보배빛깔이 있고, 그 꽃잎에는 팔만 사천 줄의 무늬가 있는데, 마치 천상의 그림같이 아름다우며, 그 무늬에는 또한 팔만 사천의 광명이 빛나고 있음을 분명히 보아야 한다.

이미 연화대를 관조하였으면, 다음에는 부처님을 생각하라. 아미타불을 생각하고자 하는 사람은 먼저 부처님의 형상을 생각해야 한다. 눈을 뜨거나 감거나 마음을 한결 같이 염부단금의 자마금색과 같이 찬란한 부처님 형상이 저 연꽃 위에 앉아있는 모습을 관조하라.

그리고 관세음보살의 상이 왼쪽 연꽃 위에 앉아있고, 대세지보살의 상이 오른쪽 연꽃 위에 앉아 있는데, 그 금색 광명은 부처님의 상과 같음을 생각하라. 그리하여 이러한 생각이 이루어지면 부처님의 상과 두 보살의 상은 모두 광명을 발하느니라.

― 『관무량수경』

『극락세계 유람기』에서는 극락세계의 연꽃에 대해 이렇게 묘사한다.

하품하생의 연꽃은 인간세계의 연꽃과 같지 않고, 일리에서 삼리까지 그 굵기에 따라 크기가 다르며 높이는 삼사 층인데, 모두 빛을 발한다. 이 속에 왕생한 자가 자기의 연꽃 내에서 각종 망상을 일으키면 연꽃이 시들고 광채가 없어지며, 망상이 없는 자는 연꽃이 문득 찬란한 빛을 내뿜는다.

관정 법사가 주위를 둘러보니 연꽃 중에서도 어떤 꽃들은 시들하거나 죽어있어 관세음보살님께 그 연유를 물으니 말씀하셨다.

"어떤 사람이 처음 부처님을 믿을 때, 경건한 마음으로 용맹정진 염불하면서 불 종자를 심으면, 연꽃이 생기를 얻게 된다. 하지만 어느 시기에 마음이 나태해지면서 염불을 하지 않을뿐더러 십악을 일으키면 연꽃은 점점 마르고 죽는 것이다.

이 연꽃은 강서성 ○○○이라는 사람의 것인데, 그가 처음에는 귀의 염불하였지만, 관리가 된 후에는 염불을 하지 않았고, 도리어 십악을 저질러서 정부에 의해 사형을 당하였기 때문에 꺾인 것이다. 또한 이쪽의 연꽃은 영태현 사람의 것인데, 그가 처음에는 법사에 귀의하여 용맹정진 염불하였기에 3년 뒤에는 꽃이 활짝 피었다. 하지만 나중에는 재물 모으는 생각에만 몰두하여 다시 염불하지 않았고, 결국 파산하면서 자살하였기에 연꽃이 꺾여 있는 것이니라."

무량수불 · 관음보살 · 대세지보살 관찰

이러한 생각이 이루어지면 다음에는 아미타불의 몸과 그 광명을 관조하라. 아미타불의 몸은 백천만 억 야마천의 자마금색과 같이 빛나고, 부처님의 키는 육십만 억 나유타 항하사 유순이니라. 미간의 백호는 오른쪽으로 우아하게 돌고 있는데 마치 다섯 수미산을 합한 것과 같고, 부처님의 눈은 사대해의 바닷물처럼 그윽하여 푸르고 흰 동자가 분명하느니라.

아미타불을 분명히 뵌 다음에는 관세음보살을 관조하라. 이 보살은 키가 팔십만 억 나유타 유순이며, 몸은 자마금색으로 빛나고 정수리에는 상투같이 솟은 육계가 있다. 정수리에 원광이 있는데 그 지름이 백천 유순이나 되느니라. 그 원광 속에는 오백의 화신불이 계시는데 모두 아미타불과 같으니라. 그리고 한 분의 화신불마다 각기 오백의 화신보살과 헤아릴 수 없는 천신들이 모시고 있느니라.

다음에는 대세지보살을 관조하라. 이 보살의 크기는 관세음보살과 같으며, 그 원광의 지름은 백이십오 유순이며 이백오십 유순을 비추느니라. 온 몸에서 발하는 광명은 자마금색으로서 시방세계의 모든 나라를 비추는데, 인연이 있는 중생들은 다 볼 수 있느니라.   -『관무량수경』

『극락세계 유람기』에서는 관정 법사가 아미타불을 친견하는 장면을 이렇게 묘사하고 있다.

관세음보살께서 손으로 가리키며 말씀하셨다.

"너의 전면에 아미타불이 계시는데 너는 그 분이 보이느냐?"

"여기는 단지 큰 석벽이 있을 뿐입니다."

"네가 보는 것은 석벽이 아니라 아미타불의 발가락이니라."

"아미타불의 신체가 이와 같이 크시다면 제가 어찌 뵐 수 있겠습니까?" 이 모습은 마치 미국에 있는 110층 높이 건물 앞에 선 개미와 같은 형국이었다.

"너는 속히 무릎을 꿇고 아미타여래의 가피로 서방에 가기를 간곡히 빌어라." 이에 시키는 대로 기원하자, 순식간에 내 몸이 점점 커져 아미타불의 배꼽까지 이르러서야 비로소 그 분을 뵐 수가 있었다. 층층이 연화로 쌓여있고, 천만 색의 빛이 뿜어 나오는 가운데 부처님께서 단정히 앉아 금색 광명 가운데 계셨다···.

예를 들면 아미타불의 모습 중 눈은 망망대해와 같은데, 이야기를 하면 믿는 사람이 없을 것이다. 실제로 아미타불의 눈은 인간세상의 넓은 바다와 같이 크다.

왕생 관찰

자기 마음을 일깨워 자기가 서방 극락세계에 태어나서 연꽃 속에서 가부좌를 하고 앉았는데, 그 연꽃 봉오리가 오므라졌다가 활짝 피어나는 상상을 하라. 그리고 그 연꽃이 피어날 때는 그 속에서 오백 가지의 광명이 나와 자기 몸을 비추고 자기 눈을 뜨게 한다고 상상해야 한다.

그리하여 부처님과 보살들이 허공에 가득함을 볼 수 있으며, 극락세계의 흐르는 물소리와 지저귀는 새들의 노래와 보배 숲에 살랑거리는 바람 소리와 부처님의 음성 등이 모두 한결같이 십이부경과 똑같은 미묘한 법문을 연설함을 알 수 있느니라.

그리고 선정에서 나온 뒤에도 그러한 생각을 깊이 기억하여 잊지 않도록 하라. 이와 같이 관조할 수 있게 되면 아미타불과 극락세계를 볼 수 있느니라. 이러한 것을 두루 관조함을 보관(普觀)이라 하고 열두째 관이라 한다.

이와 같이 수행하는 사람은 아미타불의 무수한 화신이 관세음보살과 대세지보살과 더불어 항상 그 수행자의 처소에 나투시느니라.
　　　　　　　　　　　　　　　　　　　　　　　　－『관무량수경』

천태종의 종주로서 수나라 때의 불교 중흥에 결정적인 역할을 한 천태지자(538~597) 대사는 말년에 이르러서는 왕생극락을 발원하며 정토 수행에 전념하였다…. 대사의 명저인『마하지관』에 따르면, 이 염불 삼매의 요점은 '몸으로 걸음을 옮기고, 입으로 소리를 내고, 마음속에서 생각할 때마다 오직 아미타불을 잊지 않고 자신 안에 있게 하는 것'이다.

'모든 존재가 꿈과 같다고 염하되 쉬지 말라'며 반야와 공의 입장을 견지하면서도 염불 삼매를 닦은 대사는『정토십의론』을 남기는 등 정토종 발전에도 큰 기여를 하였다.

『염불각자열전』에서는 천태지자 대사의 왕생을 다음과 같이 전하고 있다.

지자 대사가 서문 석성사에서 임종에 이르자, 제자에게 명해 침상을 동쪽 벽에 마련하되 서쪽을 향하도록 하였다. 대사는 아미타불과 관세음보살을 염하고, 향을 피운 후『불설무량수경』을 독경한 뒤 게송으로 설했다.

"48원으로 훌륭하게 장엄해 놓은 그 좋은 극락정토에 왕생을 원하는 자가 극히 적다. 지옥 경계가 나타나더라도 한생각 돌이켜서 아미타불을 염하여 왕생하길 발원하면 왕생을 얻게 되거늘 하물며 계정혜를 닦은 수행인이랴? 그대들은 왕생극락을 믿어 의심치 말라."

불상 관찰

아미타불께서는 신통력이 자재하시어 시방세계의 모든 국토
에 마음대로 변화하여 나투시는데, 혹은 크게 나투시어 끝없는
허공에 가득 차고 혹은 작게 나투시어 때로는 일장 여섯 자로
또는 여덟 자의 몸으로 나투시느니라.
나투시는 몸의 형상은 모두가 자마금색의 광명으로 빛나고 원
광 속의 화신불이나 보배 연꽃 등은 앞서 말한 바와 같으니라.
그리고 관세음보살과 대세지보살은 어디서나 같은 모양으로
나투시는데, 중생들은 다만 그 머리만 보아도 알 수 있다. 머리
의 보배관에 부처님이 계시면 관세음보살이고, 보배 병이 있으
면 대세지보살이니라.   – 『관무량수경』

『인광대사 문초청화록』에서는 인광 대사가 대세지보살의 화신
이라고 전한다.
  인광 대사는 보타산 관세음보살 도량에서 18년간 머물며 경전
을 보았고, 마침내 난징에 가서 『아미타경』을 강설하였다.
  그러나 듣는 사람이 거의 없었으며, 오직 한 사람이 매일 와

서 걸상에 앉아 기다렸다. 그나마 기뻐하며 물었더니, 경전 강설이 끝나면 걸상을 거두려 한다는 것이었다. 스님은 이 말을 듣고 매우 상심하여 이후 더 이상 난징에서 경전을 강설하지 않겠다고 발원하였다.

그 후 상하이 거사림에서 『아미타경』을 강설하니, 매우 많은 사람들이 들었다. 난징에서는 불법이 그다지 성행하지 않아 대덕 고승일지라도 아무도 그를 선전해 주지 않았다. 아무도 알지 못했고, 아무도 와서 경법을 듣지 않았다. 그러나 그에게 귀의한 제자들이 모두 상해에 있었기 때문에 이들 제자들이 스승님께서 경전을 강설하는 줄 알고, 곳곳에서 선전하였다.

그중 한 학생이 있었는데, 이 학생은 불교 신자가 아니었다. 대략 18~20세의 여학생으로 어느 날 저녁 그녀에게 꿈속에서 누군가가 이렇게 일러주었다.

"그대는 거사림에서 경법을 들어라. 지금 대세지보살께서 그곳에서 불법을 널리 선양하려고 『아미타경』을 강설하고 계신다."

다음 날 아침 신문을 보니, 과연 거사림에서 인광 노스님이 아미타경을 강설하고 계셨다고 한다. 이 여학생은 또 꿈속에서 "대세지보살께서 다시 3년을 기다리셨다가 돌아가시니 볼 수 없다."고 누군가 일러주었다. 과연 3년이 지난 1941년(민국 33년)에 인광 대사께서 원적에 드셨다.

상배관

부처님께서 다시 아난과 위제희 부인에게 말씀하셨다.

"상품 상생(上生)이라 하는 것은, 저 극락세계에 태어나기를 원하는 중생들이 세 가지의 마음을 일으켜 극락세계에 왕생하는 것이다. 첫째는 지극히 정성스러운 마음이요, 둘째는 깊은 신앙심이며, 셋째는 모든 선행을 회향하여 극락세계에 태어나기를 바라는 회향발원심이니라. 이러한 세 가지 마음을 갖추면 반드시 저 극락세계에 태어나게 되느니라.

그리고 세 종류의 중생이 극락세계에 왕생할 수 있는데, 첫째는 자비심이 깊어서 산목숨을 죽이지 않고 모든 계율을 갖추어 행동이 올바르며, 둘째는 대승경전을 지성으로 독송하는 사람이며, 셋째로는 여섯 가지 염원, 곧 부처님과 불법과 불제자와 계율과 보시와 천상 등을 염원하는 수행을 말하느니라. 그래서 이러한 선근 공덕을 회향하여 저 극락세계에 태어나고자 서원하고, 이러한 공덕을 갖추어 하루에서 이레까지 이르면 바로 극락세계에 왕생할 수 있느니라. ─『관무량수경』

극락정토는 상품(上品)상생(上生)부터 하품(下品)하생(下生)까지 구품(九品)으로 이루어져 있다. 상품(上品)에 상생·중생·하생, 중품(中品)에도 상생·중생·하생, 하품(下品)에도 상생·중생·하생이 있어 아홉 단계가 되는 것이다. 이 가운데 상품상생은 가장 수승한 곳이다. 『염불각자열전』에서는 영명연수 선사가 상품상생하셨다고 전한다.

선사가 왕생하신 후, 무주의 어떤 스님이 여러 해 동안 선사의 탑을 돌았다. 그 까닭을 묻자, 그는 이렇게 답했다.
"내가 병을 앓다가 명부에 들어갔더니, 전각 왼쪽에 어떤 스님의 탱화가 있었습니다. 그런데 염라대왕이 거기에 무수히 예배하는 것을 보고 물었더니, 관리가 말하기를, '그는 영명연수 선사이십니다. 이 스님처럼 덕행이 원만 구족하신 분은 일찍이 보지 못했습니다. 염불을 잘 닦아 지금은 극락세계 상품상생하셨습니다.'라고 하였습니다."

또한 『극락세계 유람기』에서는 관정 법사가 상품상생 극락에서 인광 법사를 만났다고 한다. 법사는 이렇게 당부하고 있다.

"그대는 인간세계에 돌아간 후 계로써 스승삼고 일심으로 염불을 하라. 그리하여 믿고[信] 원하고[願] 행함[行]이 모두 족하면 반드시 왕생할 것이라고 불자들에게 알려라."

중배관

중품 상생(上生)이란, 오계와 팔계와 다른 모든 청정한 계율을 지키며 오역죄를 범하지 않고, 아무런 허물이 없는 이러한 공덕을 회향하여 저 극락세계에 태어나고자 원하는 사람을 말한다. 이와 같은 수행자가 목숨을 마치려 할 때, 아미타불께서 여러 비구들과 권속들에 둘러싸여 금색 광명을 비추시며 그 사람 앞에 나투시느니라.

그리고 현세의 괴롭고 허무하고 무상하며 무아인 진리를 연설하시고, 진리를 구하여 출가한 이가 모든 괴로움을 벗어나는 일을 찬탄하시느니라.

그 수행자는 부처님을 뵙고 법문을 듣고 나서 환희에 사무쳐 스스로 자기 몸을 돌아보면, 자신은 이미 연화대에 앉아있느니라. 수행자는 곧 무릎을 꿇고 합장하여 부처님께 예배를 드리느니라.

수행자가 미처 머리를 들기도 전에 벌써 극락세계에 왕생하였으며, 그때 바로 그를 싸고 있던 연꽃이 피어나는데, 연꽃이 활짝 열리자 바람소리와 물소리와 새소리 등 모든 음성들이 한결

같이 사성제의 미묘한 법문을 찬탄함을 알아들을 수 있느니라. 이때 수행자는 곧 아라한의 깨달음을 얻고 삼명과 육신통이 열리며, 여덟 가지 걸림 없는 해탈을 갖추게 되느니라. 이를 중품 상생이라 한다.　　　　　　　　　　　　　-『관무량수경』

계율을 지키고 공덕을 닦으면 중품 상생(上生)에 태어난다. 임종 시에 아미타불과 권속들이 금색 광명을 비추며 나타나셔서 진리를 설하신다. 그 수행자는 곧 연화대에 앉아 극락세계에 왕생하며, 연꽃이 활짝 열려 사성제의 미묘한 법문을 찬탄하니, 곧 아라한의 깨달음을 얻게 된다.

하루 밤낮 동안이라도 팔재계나 사미계, 또는 구족계를 지키고 공덕을 닦으면 중품 중생(中生)에 태어난다. 임종 시에 아미타불과 권속들이 금색 광명을 비추시며 칠보의 연꽃을 가지고 나타나서 그 수행자를 칭찬하신다. 그 순간 수행자는 이미 연꽃 위에 앉아있으며 연꽃은 이내 오므라져 극락세계 보배 연못 가운데 태어난다. 7일이 지나면 연꽃이 피어나고, 수행자의 마음의 눈도 열린다.

부모에게 효도하고 세상 사람들에게 자비롭게 행하면서 임종 시에 선지식을 만나 아미타불의 극락정토와 법장 비구의 사십팔원에 대한 설법을 들으면 잠깐 동안에 중품 하생(下生)에 태어난다. 태어나서 7일이 지나면 관세음보살과 대세지보살을 만나 법문을 듣고, 다시 일 소겁이 지나면 아라한이 된다.

하배관

하품 상생(上生)하는 이를 말하리라. 가지가지의 악업을 짓는 중생으로서 비록 대승 경전을 비방하지는 않는다고 하더라도, 어리석은 탓으로 온갖 나쁜 짓을 하면서도 참회하고 부끄러워할 줄 모르는 사람이 있느니라. 이러한 사람이 목숨이 다하려고 할 때, 선지식을 만나서 대승 십이부 경전의 제목을 찬탄함을 듣게 되느니라.

그래서 그는 여러 경전의 이름을 들은 공덕으로 천겁 동안 지은 지극히 무거운 죄업을 없애느니라. 또한 지혜 있는 이가 그에게 가르치기를 합장 공경하고 '아미타불'을 부르도록 권하여, 그 말대로 정성껏 부처님의 명호인 아미타불을 부르면, 그 염불 공덕으로 오십 억 겁 동안 생사에 헤매는 무거운 죄를 없애느니라.

그때 아미타불께서는 곧 화신불과 화신 관세음보살과 화신 대세지보살을 이 사람 앞에 보내시어 그를 칭찬하시기를 '착한 이여, 그대는 부처님 명호를 부른 공덕으로 여러 가지 많은 죄업이 소멸되어 내가 그대를 맞이하러 왔노라.'고 하시느니라.

이 말씀이 끝나자 수행자는 홀연 화신불의 광명이 그의 방안에 가득함을 보고 기쁨에 넘쳐 이내 목숨을 마치느니라. 그리하여 보배 연꽃을 타고 화신불의 뒤를 따라 보배 연못 가운데 태어나느니라.   -『관무량수경』

생전에 계율을 범하고 악업을 지으면서도 참회하지 않아 지옥에 떨어질 중생이지만, 임종 시에 선지식의 가르침을 듣고 부처님의 위신력과 불가사의한 공덕을 찬탄하며 염불하여 지옥을 면하고 하품 중생의 연꽃 속에 태어난다. 그곳에서 여섯 겁이 지나면 연꽃이 피어나며, 관세음보살과 대세지보살의 법문을 듣고 불현듯 위없는 진리를 깨닫고자 보리심을 낸다.

갖은 악업을 지어 지옥·아귀·축생에 태어날 자라도 목숨이 다하려 할 때 선지식을 만나 지성으로 아미타불을 열 번만 온전히 부르면, 그 공덕으로 죄업이 사라진다. 목숨이 마칠 때 찬란한 금빛 연꽃이 그 사람 앞에 나타나 극락세계 보배 연못 연꽃 속에 태어난다. 그 연꽃은 십이 대겁이 지나면 피어나며, 관세음보살과 대세지보살의 법문을 듣고 기쁨에 넘쳐 비로소 진리를 구하는 보리심을 내게 된다.

3장

참선과 정토를 함께 닦아야
살활(殺活) 자재(自在)!

본마음 참나

출가하기 전, 매일 새벽마다 서울 조계사 법당에서 108배를 한 적이 있었다. 처음에는 그저 염주를 돌리고 횟수를 채우면서 하다가, 나중에는 매번 절할 때마다 한 가지씩 참회 발원을 하였다.

먼저 욕심내고 애착했던 일들을 현재부터 과거로 거슬러 올라가며 하나씩 참회하고, 다시 그러지 않겠다고 발원하였다. 다음에는 성낸 일들을 한 가지씩 참회하고, 다시 그러지 않겠다고 발원하였다. 마지막에는 생각나는 모든 일들을 남김없이 무조건 참회하고, 다시 그러지 않겠다고 발원하였다.

이렇게 3주가량 지나자, 놀라운 변화가 찾아왔다. 몸이 한없이 가벼워지고 마음이 즐거워졌다. 걸음마다 가볍기 짝이 없어서 마치 발이 땅에 닿지 않는 느낌이었다. 마음도 새털처럼 가벼워져서 모든 사람이 다 사랑스러워 보였다.

그러자 마음공부에 진도가 쭉쭉 나갔다. 경전을 읽거나 법문을 들으면, 그 근본 취지가 눈에 금방 들어왔다. 한동안 공부가 무척 재미있어 진도가 쭉쭉 나갔다. 그러던 중 답답하기 짝이 없는 경계가 닥쳐왔다. 몸과 마음은 '참나'가 아니며, '본마음·참나'가 따로 있다는데, 과연 이것이 무엇인가? 생각하면 할수록 답답해졌다. 마치 은산 철벽을 두른 듯 어찌해야 할 바를 몰랐던 것이다.

그러던 어느 날 새벽 조계사 법당에서 108배의 마지막 절을 하고 일어나는 순간, 부처님께서 '능엄경'이라는 세 글자를 필자의 이마에 새겨 주셨다. 그때까지 『능엄경』을 읽은 적도 없었고, 그런 경전이 있는지조차 모르던 때였다. 하지만 너무나 생생한 체험인지라, 곧바로 인근 정독도서관으로 달려가 한글 번역본 『능엄경』을 찾아 읽으면서, 답답하기 짝이 없던 마음이 뻥 뚫렸다.

몸과 마음은 '참나'가 아니지만, 몸과 마음을 떠나서 '참나'가 따로 존재하는 것도 아님을 알게 된 것이다. 말하자면 몸과 마음은 아바타요, 성품이 '진짜 나'지만, 몸과 마음을 떠나서 성품이 따로 존재하는 것도 아니라고 하는 것이다.

수행 도중 부처님 음성을 듣거나 모습을 보게 되더라도 성인이 되었다는 마음을 내지 않으면 좋은 경계요, 성인이 되었다는 마음을 내면 마구니의 유혹을 받는다. 이러한 경계는 공부해 가는 도중 얼마든 일어날 수 있다. 형상에 매달리면 상(相)에 떨어지고, 형상을 무시하면 공(空)에 떨어진다. 무시하지도 말고, 매달리지도 말고, 잘 선용하면 수행의 큰 디딤돌이 된다.

일체가 '나'이고 '부처'로다

한동안 화두를 죽어라고 파고들다 보니, 심각한 경계가 닥쳐왔다. 화두를 들기만 하면 머리가 깨질 듯이 아팠다. 어느 날 삼각산 정상 부근에서 화두를 들며 참선하다가 머리가 아파 도저히 안 되겠다 싶어서 마침내 일어나 정상으로 올라갔다.

정상에 오르니 마침 커다랗고 평편한 바위가 있어서 화두고 뭐고 다 놓아버리고 그 위에 말 그대로 대자(大字)로 누웠다. 누워서 하늘을 쳐다보고 있으려니, 마침 가을이어서인지 하늘은 새파랗고 구름 한 점 없었다.

그렇게 얼마 동안 모든 걸 놓아버리고 파란 하늘만 바라보던 차, 홀연히 머리 뒤쪽에서 동그랗고 하얗게 똘똘 뭉친 구름 한 점이 두둥실 흘러오는 모습이 눈에 띄었다. 그 구름은 머리에서 다리 쪽으로 서서히 흘러가면서 이윽고 서서히 흩어지면서 완전히 사라져 버리는 것이었다. 그러자 구름과 하나되었던 나 또한 구름과 함께 저절로 사라져 버렸다. 이윽고 커다란 웃음과 함께 홀연 이런 말이 터져 나왔다.

"우~ 하하하! 일체가 '나'이고 '부처'로다."

『능엄경』에서는 5온·6근·12처·18계가 모두 여래장이라고 설한다. 그리고 이 세상은 허공의 꽃(空華)과 같고, 바다의 물거품과 같다고 한다. 결국 모든 존재가 둘이 아니라는 것이다. 장사 경잠(?~868) 선사는 설한다.

"내가 만일 한결같이 근본 종지만 고집하면 법당 앞에 풀이 한 길이나 자라게 될 것이다. 그러므로 나는 어찌할 수 없어서 그대들에게 말한다. 온 시방세계가 사문의 눈이요, 온 시방세계가 사문의 몸뚱이다. 온 시방세계가 자기 광명이요, 온 시방세계가 자기 광명 속에 존재하며, 온 시방세계의 단 한 사람도 자기 아님이 없다."

시방세계에 진리 아닌 것이 없고, 모든 존재가 비로자나불 아닌 것이 없다. 그러니 입을 열면 곧 어긋난다. 사실 이러한 말조차 근본 종지를 벗어난 것이지만, 그렇다고 해서 비로자나 법신불만 고집하면 법당 앞에 풀이 한 길이나 자라날 것이다.
석가모니불이 오지 않으셨다면, 비로자나불을 어찌 알 수 있으랴? 비로자나불의 아바타가 아미타불이요, 아미타불의 아바타가 석가모니불이니, 이른바 법신·보신·화신 세 부처님이 원만하게 서로 상통한다(三佛圓融)고 하는 것이다.

나도 한 그릇 다오

쌍계사 강원 학인 시절, 대웅전에 동지팥죽을 올리게 되었다. 공양을 올리고 나서 팥죽을 들고 공양간 쪽으로 걸어가는데, 난데없이 이런 소리가 들려왔다.

"나도 한 그릇 다오!"

얼른 소리 난 곳을 바라보니, 마애여래상이 보였다. 법당에서 나와 왼쪽으로 마애여래상이 있는데, 분명 거기에서 들려온 소리였다. 사실 동짓날에는 도량 내 모든 전각에 팥죽을 올린다. 그런데 야외라서 미처 챙기지 못한 듯, 마애여래상 앞이 텅 비어 있었다. 이에 얼른 팥죽을 챙겨서 공양 올렸다.

또 한 번은 강원을 졸업하고 잠시 강의를 하다가 선방에 방부를 드리게 된 적이 있었다. 본래 방부 신청하는 시기가 이미 지났지만, 결제에 임박하여 갑자기 입방을 신청하게 된 것이다. 다행히 담당 소임자가 너그럽게 받아주셔서 방부를 허락받게 되었다.

이에 쌍계사 금당선원 육조정상탑(六祖頂相塔) 앞에서 깊이 감사의 예배를 올리면서 간절히 말씀드렸다.

"육조 큰스님, 이번 철 금당선원에서 살게 되었습니다. 지켜 봐 주시고 도와주십시오."

그때 홀연 이런 답이 들려왔다.

"그래, 내가 너를 불러올렸느니라."

이와 같은 현상에 대하여 『능엄경』에서는 다음과 같이 설한다.

"수행 중, 부처님 설법 소리를 듣거나 모습을 보게 된다. 이는 잠시 이와 같을 뿐, 성인이 된 것은 아니다. 성인이 되었다는 마음을 내지 않으면 '좋은 경계'라 하겠지만, 성인이 되었다는 견해를 내면 마구니의 유혹을 받을 것이다."

경전에 따르자면, 깨달음과 함께 먼저 '몸[色]에 대한 집착'이 쉬어진다. 두 번째는 '느낌[受]에 대한 집착'이 쉬어진다. 세 번째 는 '취사[想]에 대한 집착'이 쉬어진다. 네 번째는 '선택[行]에 대한 집착'이 쉬어진다. 마지막으로 '알음알이[識]에 대한 집착'이 쉬어진다.

이 다섯 단계의 과정에서 엄청난 경계와 마장(魔障)이 닥쳐올 수 있다. 그러므로 어떠한 경계가 나타났을 때, 자신이 대단하다 고 자만하지도 말고 완전히 무시하지도 말아야 한다. 다만 수행 도중 나타나는 하나의 현상으로 알고, 잘 활용하면 되는 것이다.

해인사 선방에서 부아가 치밀다

　해인사 선원은 철마다 일주일간 용맹정진을 한다. 필자 또한 선방 대중으로 있을 때, 용맹정진을 했다. 대중들이 일주일간 잠을 자지 않고 정진을 하다 보니, 새벽녘에 잠깐씩 졸음이 오기도 한다. 그래서 용맹정진 시에는 서로 마주 보고 앉으며, 대중이 돌아가면서 장군죽비로 경책한다.

　어느 날 새벽녘 문득 죽비가 느껴져 즉각 눈을 떠보니, 정작 죽비 든 이는 저 건너편에 있었다. 이상해 생각해 보니, 죽비가 어깨가 아니라 등 뒤에 길게 닿았음을 알게 되었다. 이는 허공에서 내려다보면서 죽비를 대야 가능한 것이다.

　'아하, 대중이 열심히 정진하는 모습을 부처님께서도 내려다보고 계시는구나.'

　생각되어 더욱 분발하게 되었다.

　나중에 강원의 강사로 있을 때도 자원해서 용맹정진에 참가하였다. 그런데 어떤 수좌스님이 졸지도 않는 필자의 눈을 뻔히 바라보면서도 죽비를 내려치는데 다분히 감정이 실려 있었다.

거듭 경책 받으니 슬그머니 부아가 치밀었다.

'선방에 살다 강원에 갔다고 이러는 걸까?'

이런저런 올라오는 마음을 얼른 관찰하면서 내려버렸다. 아니면 한바탕 소동이 벌어졌을 것이다.

석가모니 부처님께서 교화하실 때 오백 명의 비구들이 부처님으로부터 수행 주제를 받아 숲속으로 들어가 열심히 노력하여 삼매를 얻었다. 그들은 삼매를 깨달음으로 착각하고 부처님을 만나려 했으나, 부처님께서는 그들이 먼저 화장터를 둘러보고 나서 만나도록 하셨다.

비구들은 화장터에 가서 시체들을 관찰했다. 하루나 이틀이 지난 시체를 보자 불쾌하고 비위가 거슬렸고, 죽은 지 얼마 되지 않아서 아직 풋풋하고 촉촉한 여인의 시체를 보자 욕정이 일어났다. 그들은 그제야 번뇌 덩어리가 그대로 남아있다는 것을 알게 되었다. 이때 부처님께서는 간다꾸띠에 앉아계시면서 광명의 모습(아바타)을 나타내어 마치 얼굴을 마주 보고 있는 것처럼 앉아서 말씀하셨다.

"비구들이여, 저런 뼈 무더기를 보면서 감각적 욕망을 일으키는 것이 과연 올바른 마음가짐인가? 바람에 떨어져 뒹구는 가을철 조롱박처럼 하얗게 탈색된 뼈들을 보라. 그걸 바라보는 데 무슨 즐거움이 있으랴?"

수행으로 일시적 안심이나 삼매를 얻었다고 자만해서는 안 된다. 사바세계에서는 진전만 있는 것이 아니다. 자칫하면 얼마든지 퇴보할 수도 있기 때문이다.

이뭐꼬? 이것뿐!

　　필자가 조주 '무자(無字) 화두'를 참구하며 지리산 쌍계사 계곡에서 행선(行禪)을 하고 있던 중, 갑자기 허공에서 벽력같은 소리가 들려왔다.

　　"이것뿐!"

　　홀연 눈이 번쩍 뜨였다.

　　"개도 불성이 있습니까?"
　　"없다."
　　"부처님은 모든 중생이 불성이 있다고 하셨는데, 조주 스님은 어째서 개에게 불성이 없다고 했을까?"
　　"어째서?"

　　'이것뿐!'이다. 유(有)와 무(無)를 초월한 '이것뿐!'
　　모든 존재는 '거북이 털, 토끼 뿔'과 같은 것이다. 이름이 있을 뿐, 실체가 없다.

유명무실(有名無實)! 이를 풀어서 말하자면, 몸과 마음은 아바타, 이 세상은 가상현실이라고 하는 것이다. 그러므로 항상 '바로 지금 여기서 이것뿐!'이다.

아플 때 아플 뿐! 늙을 때 늙을 뿐! 죽을 때 죽을 뿐! 그대로 생사 해탈이다. 나도 없고, 너도 없다. 지옥도 없고, 천당도 없다. 제도할 중생도 없고, 제도해 줄 부처도 없다. 우~하하하! 통쾌하기 짝이 없다.

하지만 여기에 머무르면 공(空)에 떨어지게 된다. 참다운 공[眞空]은 아무것도 없는 무(無)가 아니다. 또한 애착으로 존재하는 착유(着有)도 아니다. 발원으로 존재하는 묘유(妙有)인 것이다. 그러므로 응당 공(空)에도 머무는 바 없이 그 마음을 내어야 한다.

이를 몸소 실천으로 옮긴 최상의 멘토가 바로 중생제도의 일념으로 48대원을 세워 극락정토를 장엄한 아미타불이다. 아미타불은 210억 불국토의 청정한 수행법을 모두 참관하고, 5겁 동안 수행하여, 10겁 전에 성불하였다. 그리하여 수명이 무량하고 광명이 무량하다.

그 광명이 닿으면 삼독이 자연히 소멸되고, 몸과 마음이 부드럽고 상냥해진다. 기쁨이 가슴에 넘치고, 진리를 구하는 마음이 솟아난다. 죽어서는 극락에 태어나 수명이 무량하다.

소동파의 계성산색

　중국 송나라의 유명한 시인이었던 소동파(1036~1101)는 불교에도 조예가 깊었다. 어느 날 동림상총(1025~1091) 선사에게 법을 청하였다. 상총 선사가 "거사는 유정설법만 들으려 하지 말고, 무정설법을 들으시오."라고 하는 말에 마음이 꽉 막혔다. 집으로 돌아오는 길에 어느 폭포 밑에 이르게 되었다. 폭포가 굉음을 내면서 떨어지는 소리를 듣고 문득 깨달은 바 있어서 오도송을 읊었다.

> 계곡의 물소리는 장광설이요,
> 산의 빛깔은 청정한 몸 아니겠나?
> 밤새도록 팔만 사천 게송을 설하니
> 훗날 어찌 남에게 들어 바칠 수 있으랴?

　이것이 바로 '계성산색(溪聲山色)'으로 유명한 소동파의 오도송이다. 무정설법인 계곡의 물소리와 산의 빛깔을 그대로 부처님의 법문과 법신으로 비유해 낸 것이다. 말로 전할 수 없는 색

즉시공(色卽是空)의 소식을 기가 막히게 표현했다. 그 뒤에 다시
여산·절강을 방문해 게송을 읊었다.

> **여산의 안개비와 절강의 물결이여!**
> **와 보기 전에는 엄청 한스러웠는데**
> **막상 와 보니 별것이 아니었네.**
> **여산의 안개비와 절강의 물결일 뿐!**

참으로 멋진 오도송이다. 여산의 안개비와 절강의 물결을 형
언할 수 있는 가장 정확한 표현은 있는 그대로 '여산의 안개비,
절강의 물결'일 뿐이다. 이는 색즉시공(色卽是空)을 넘어선 색즉
시색(色卽是色)의 경지로서 앞서의 게송보다 한발 더 나아갔다고
볼 수 있다.

소동파는 송나라 운문종 스님이었던 오조계인 선사의 후신이
라고 한다. 한평생 참선하여 도를 깨닫고 경계가 매우 높았지만,
정토 법문을 몰랐기에 여전히 윤회를 벗어나지 못했다. 훗날 다
시 명나라 때 시인 원중랑(원굉도)이 되어, 마침내 정토 법문을
만나 왕생했다고 한다.

깨쳐도 다시 태어나야 한다

『법화경』에서 부처님께서 설하신다.

"만약 나의 제자들이 아라한과 벽지불을 얻었노라 말하면서, 제불 여래 다만 오직 보살들을 교화함을 듣거나 알지도 못한다면 이는 진정 나의 제자가 아니며, 아라한도 아니며, 벽지불도 아니니라."

아라한은 불생(不生)의 경지다. 다시 태어나지 않을 수 있는 경지에 이미 오른 것이다. 하지만 무아(無我)에 머무름이 없이 대아(大我)의 원을 세워 다시 태어나서 보살도를 닦아야 한다. 그렇지 않으면 부처님의 제자가 아니고, 진정한 아라한도 아니고, 벽지불도 아니라는 것이다.

비록 다시 태어나지 않는 경지에 도달했다 하더라도 거기에 머무르지 말고 무조건 다시 태어나야 한다는 뜻이다. 중생들처럼 업으로 태어나는 업생(業生)은 아니지만, 중생들의 해탈 도우미로 일부러 발원하여 태어나는 원생(願生)인 것이다.

5조 홍인 선사는 오조법연 선사로 다시 태어났다. 6조 혜능 선사는 출가하기 이전에 나무꾼으로 있다가 『금강경』의 게송을 듣고 곧바로 견성한 생이지지(生而知之)의 대선지식이다. 그럼에도 『육조단경』에는 다음과 같은 일화가 전해진다.

행창이 조사실에 뛰어들어 조사를 해치려고 달려들었다. 조사가 목을 내미시니 행창은 칼을 휘둘러 세 차례 조사의 목을 내리쳤다. 그러나 조금도 다치지 않았다. 오히려 조사는 말씀하셨다.
"바른 칼은 삿되지 않고 삿된 칼은 바를 수 없다. 나는 너에게 돈을 빚졌을지언정 목숨을 빚지지 않았느니라."

전생에 돈을 빚졌을지언정 목숨을 빚지지 않았다고 한다. 혜능 선사 역시 게송 한마디 듣고 곧바로 견성할 정도로 이미 과거생에 공부를 해 마쳤지만, 전법을 위해 다시 태어난 것이다.

지리산 쌍계사의 중창주인 진감혜소 선사는 흑두타인 중국 도안 법사의 후신이라고 전해진다. 한국 간화선의 교과서인 『선문염송』을 편찬한 진각혜심 선사는 『벽암록』의 모태가 되는 『설두송고』의 저자 설두중현 선사의 환생이라 전해진다. 근세 중국의 최고 선지식 허운 법사 또한 명나라 감산덕청 선사의 환생으로 알려져 있다.

극락은 최상의 드림랜드

불교 수행의 핵심은 생사 일대사의 고통에서 벗어나는 것이다. 삶과 죽음의 문제가 오직 하나의 큰일이고, 나머지는 모두 사소한 일이다. 그러므로 불교 법문이 비록 많을지라도 생사 해탈에 주요한 것은 참선 수행과 정토 수행이다.

참선에서는 '본래 부처'를 설한다. 우리는 모두 본래 부처이건만 번뇌 망상으로 인하여 중생 노릇을 하고 있다는 것이다. 하지만 그 번뇌 망상은 본래 공한 것이며 자신이 본래 부처라고 깨치면, 더 이상 닦을 것도 없이 다시 부처로 돌아간다고 한다.

과연 그럴까? 사실 부처니 중생이니 하는 것은 모두 허상이다.

중생은 중생이 아니요, 그 이름이 중생이다.
부처는 부처가 아니요, 그 이름이 부처다.
세계는 세계가 아니요, 그 이름이 세계다.

모든 존재는 유명무실! 꿈·아바타·물거품·그림자·이슬·번갯불과 같이 실체가 없고 현상이 있을 뿐이다. 심지어 부처님도 몸이나 음성으로 나타나면 아바타인 것이다. 석가세존은 천백억 아바타로 나타나며, 아미타불은 삼백육십만 억 아바타로 나타난다.

부처님은 왜 이렇게 수많은 아바타를 나타낼까? 다양한 중생을 제도해야 하기 때문이다. 중생은 실체가 없지만, 몸과 마음의 현상에 대한 애착으로 작용을 멈추지 못한다. 사바예토 또한 실체가 없지만, 실체가 있는 것으로 착각하는 아바타는 여전히 애착을 놓지 못한다. 그래서 몸과 마음이 오르락내리락하는 윤회게임 가상현실 속에서 당최 벗어나지 못하고 있는 것이다.

아무리 극락왕생을 권하여도 눈앞에 보이는 사바세계에 집착하며, 꿈을 깨기보다 단꿈 꾸기를 강렬히 소망한다. 하지만 꿈은 꿈일 뿐이다. 길몽과 흉몽은 무한히 반복된다. 악몽에서 벗어나는 유일한 방법은 꿈을 깨는 것이다. 그럼에도 단꿈에 젖어있는 이에게는 답이 없다.

이를 가엾게 여긴 아미타 부처님께서 전혀 새로운 드림랜드를 장엄하셨다. 극락정토는 진공(眞空) 묘유(妙有)에 입각한 해탈게임 가상현실이다. 애당초 불성의 차원에서 설정되었기에 애착과 고정관념으로 존재하는 착유(着有)가 아니며, 생각만 하면 생각대로 이루어지는 묘유(妙有)의 세계인 것이다.

영명연수의 선정쌍수

영명연수(904~975) 선사는 선종인 법안종의 제3조이며, 정토종의 제6조이다. 경·율·론 삼장(三藏)을 섭렵하여 『종경록』 100권을 지었으며, 모든 선행은 다 깨달음으로 돌아간다는 취지의 『만선동귀집』을 지었다. 이 책에서 대사는 칭명(稱名) 염불의 공덕에 대해 다음과 같이 극찬하고 있다.

"부처님 명호를 염(念)하는 가르침은 경전에 널리 밝혀져 있거니와 한 번만이라도 염하면 오랜 겁의 죄를 소멸하고, 십념을 갖추면 정토에 나서 영원히 위급한 환난을 구제하고 마침내 깨달음의 바다에 도달한다.

그러므로 『법화경』에서도 '만일 어떤 사람이 산란한 마음으로 불당에 들어가 단 한 번 '나무불'을 일컬을지라도, 모두가 그 인연으로 마침내 불도를 이루게 된다.' 하였다. 『아미타경』에서는 '부처님 명호를 받들어 지니는 이는 누구나 모든 부처님께서 챙겨 주신다.' 하였다. 또한 『대지도론』에서는 '어떤 사람이 태어날 때부터 천리 길을 천 년 동안 다니면서 칠보를 가득

채워 부처님께 공양한다 해도, 다른 이가 이 뒤의 악세에서 단한 번 부처님 명호를 염하는 것만 못하다. 왜냐하면 이 사람의 복이 앞의 사람보다 훨씬 뛰어나기 때문이다.' 하였다."

연수 대사는 출가한 이래 조석으로 천태산의 천주봉에 올라가 선정을 익혀서, 새들이 그의 품속에다 둥지를 치는 일도 있었다 한다. 또한 『법화경』을 읽고 법화예참을 행하였는데, 문득 관세음보살이 감로수를 입에 부어주심을 체험하고, 그로부터 관음보살의 지혜와 변재를 증득하였다고 한다. 이러한 경계에 대하여 어떤 이가 물었다.

"형상이 있는 것은 모두 허망한 것이라고 하였다. 이 말은 좋은 경계가 있다고 해서 그것을 취하면, 단박에 마구니의 업이됨을 경계한 것이다. 어찌하여 모양에 집착하고 마음을 일으켜서 감응하기를 바라겠는가?"

이에 연수 대사는 답한다.

"수행력이 지극하면 자연히 성스러운 경지가 스스로 밝아지는 것이다. 혹 선정에 들다 보면 여러 형상이 보이기도 하며, 혹 예불하거나 경전을 지송함에 뜻이 간절하다 보면 잠시 상서로운 모습들이 보이기도 하는 것이다. 그러나 이 모든 경계들이 오직 아바타의 현상[緣塵]인 줄 안다면, 보아도 보는 바가 없는 것이다. 그렇지 않고 이런 것들을 탐착해 취한다면, 마음 밖에 따로 경계가 생겨나 곧 마구니의 일을 이루게 된다. 그렇다고 해서 이런 경계를 무시하기만 한다면, 좋은 공덕까지 버려서 마침내 닦아나갈 문이 없어질 것이다.

『마하론』에 이르기를, '진실과 거짓은 오직 스스로의 망심에서 나타난 경계일 뿐, 실다움이 없다. 왜냐하면 집착할 것이 없기 때문이다. 그러나 또한 진실과 거짓 그대로가 모두 진여요, 다 한결같은 법신이라, 그밖에 따로 경계가 없다. 왜냐하면 그것은 따로 끊어 제거할 것이 없기 때문이다.'라고 하였다.

또 『대지도론』에서는 '이런 경계를 무시하지 않는 것은, 제법 가운데 모두 도(道)를 돕는 힘이 있는 까닭이다. 그렇다고 해서 집착하지도 않는 것은, 제법의 실상이 필경 공적하여 얻을 바가 없기 때문이다.'라고 하였다."

한마디로 말해서, 형상[相]을 무시하면 공[空]에 떨어지고, 형상에 매달리면 상[相]에 떨어진다는 것이다. 그러므로 참선을 하되 경계를 무시하지 말고, 정토를 닦되 경계에 매달리지도 말아야 한다. 이것이 지혜와 방편을 함께 구족하는 것이다.

「선정(禪淨) 사료간(四料簡)」에서는 다음과 같이 송한다.

"참선도 있고 정토도 있으면 마치 뿔 달린 호랑이와 같아서 살아서는 사람들의 스승이 되고, 장래에는 불조가 될 것이다.

참선은 없어도 정토가 있으면 만 사람이 닦아 만 사람이 가나니 단지 아미타불을 뵙기만 하면 어찌 깨닫지 못할까 근심하리.

참선은 있으나 정토가 없으면 열에 아홉은 길에서 어긋나니 중음신의 경계가 현전하면 별안간 그것에 끌려가 버린다.

참선도 없고 정토도 없으면 쇠 침대 위에 구리 기둥 껴안는 것! 만겁 천생을 거치도록 믿고 의지할 사람 몸 하나 얻지 못하리."

결국 참선과 정토를 함께 닦는 것이 최상이다. 참선 수행은 이 세상이 가상현실이며 몸과 마음은 아바타라고 깨치는 것이다. 정토 수행은 윤회게임 가상현실에서 해탈게임 가상현실로 건너가는 것이다.

감산덕청의 염불하는 이것이 무엇인가?

명나라 최고의 고승인 감산덕청(1546~1623) 대사는 12세에 남경 보은사로 출가하여 주요 불경을 모두 암송하고, 유교와 도교의 경전까지 함께 배웠다. 19세가 되자 서하산의 운곡 선사를 알현하고 『중봉광록』을 배운 뒤 참선에 뜻을 두었다. 하지만 아직 수행의 요령을 잘 몰라 오로지 '아미타불' 염불만 하였다.

밤낮으로 쉬지 않고 염불하던 어느 날, 꿈속에서 아미타 부처님이 서쪽 하늘 공중에 서 계신 모습으로 나타났다. 눈부시게 빛나는 그 얼굴을 바라본 뒤 부처님의 발을 손으로 만지고 절을 했는데, 한없는 자비심이 마음속에 가득 찼다. 다시 관음·세지 두 보살님을 뵙기를 원했더니, 두 분이 즉시 상반신을 드러냈다. 이로부터 대사가 염불할 때마다 수시로 세 분의 불보살님이 눈앞에 눈부시게 나타났다.

한편 6조 혜능 대사를 흠모하여 조계에 머물면서 선당을 부흥시킨 선사는 참선과 염불을 쌍으로 닦을 것을 주장하며 다음과 같이 설하고 있다.

"참선하는 이가 많아도 생사를 벗어나기 어렵지만, 염불하는 이는 생사에서 벗어날 것을 의심할 바 없다. 왜냐하면 참선은 상(相)을 여의기를 요하나, 중생이 오랫동안 망상에 빠져 상(相)을 여의기가 매우 어렵다. 염불은 상(相)을 염(念)함으로써 청정한 상(相)으로 바꾸는데, 이것은 독을 다스려 약으로 바꾸어 놓는 것이다. 그러므로 화두 참구는 깨닫기가 어렵고, 염불은 이루기가 쉬운 것이다."

감산 대사는 윤회를 벗어나는 가장 쉽고 빠른 지름길인 정토 법문을 권하면서도 참선 수행자를 위해서는 이른바 '참구(參究) 염불'을 제시하기도 했다. 그는 "염불과 선을 같이 수행하는 사람은 아미타불의 명호를 화두로 삼아야 한다."라고 하면서 구체적인 수행법까지 가르쳤다.

"부처님 명호를 외울 때, '염불하는 이것이 무엇인가(念佛者是誰)?'라고 스스로 물어야 한다. 만일 여러분이 묻고 또 묻고를 지속해 나가면, 모든 망상이 갑자기 끊어지는 때가 온다. 망상이 생기지도 않고, 또 생겨도 곧 없어진다. 마음속에 과거 · 현재 · 미래에 관한 단 하나의 생각도 일어나지 않을 때까지 마음의 들뜨고 가라앉음을 내려놓으면 갑자기 칠흑 같은 어둠이 깨지면서 여러분의 본래면목을 보게 된다."

이러한 염불선(念佛禪)의 가풍은 지금까지도 이어져, 중국의 선종 사찰에서는 '염불하는 이것이 무엇인가(念佛者是誰)?'라고 쓰인 현판을 종종 볼 수 있다.

철오 선사의 '나무아미타불'

『염불각자열전』에서는 수여순(粹如純) 선사로부터 인가를 받아 임제 선사의 36대 법손이자 정토종 제12조로 추대된 청나라 철오 선사(1741~1810)의 극락왕생을 다음과 같이 전하고 있다.

철오 선사께서 늘 제자들에게 가르친 수행법은 영명연수 선사께서 선종의 조사이면서도 정토에 귀의하여 매일 '나무아미타불' 명호를 10만 번씩 염송함으로써 극락정토에 왕생하길 발원하셨던 염불법이었다. 당신 스스로도 매일 향 한 개비 탈 동안만 사람들을 제접하고 나머지 시간은 부처님께 예배드리고 오직 염불에 전력하셨다.

입적하기 보름 전, 몸에 가벼운 병세가 느껴지자 선사는 '허공 중에 수없이 많은 깃발들이 서쪽에서 오는 모습이 보인다.'면서, 대중에게 '나무아미타불' 명호를 다 함께 염송해 달라고 당부하였다. 이에 대중이 세상에 조금 더 머무시도록 권청하자, 선사는 이렇게 경책했다.

"내가 성인의 경지에 나아갈 수 있게 되었으니, 그대들은 마땅히 스승을 위해 다행으로 여기고 환송해야 할 터인데, 어찌 붙잡으려 하는가?"

선사는 12월 16일, 감원의 책임자인 관일 스님에게 열반재를 올리도록 분부하더니, 17일 오후에 대중에게 작별인사를 하였다.

"나는 어제 이미 문수·관음·대세지 세 보살님을 친견하였네. 오늘은 다시 아미타 부처님께서 친히 나투시어 나를 맞이하여 데려가려고 오셨네. 나 이제 가네."

대중이 '나무아미타불'을 더욱 큰소리로 염송하는 가운데, 선사는 서쪽을 향해 단정히 앉아 합장한 뒤, 이렇게 말했다.

"위대하고 거룩한 명호를 한 번 염송하면, 한 번 염불한 만큼의 부처님 상호를 친견한다네."

그리고는 마침내 손을 미타인(彌陀印)으로 바꾸어 짓더니, 평안하고 상서롭게 왕생하였다. 『철오선사 어록』에서는 다음과 같이 설한다.

"한생각이 부처님과 상응하면 한생각이 부처님이고, 생각 생각이 부처님과 상응하면 생각 생각이 부처님이다. 맑은 구슬을 흐린 물속에 넣으면 흐린 물이 맑아지지 않을 수 없듯이, 부처님 명호를 어지러운 마음속에 던지면 어지러운 마음이 부처님처럼 안 될 수가 없다. 이러하다면, 염불이 마음을 맑히는 요체가 아니겠는가?"

선의 종지를 깨닫고 여러 종파의 교법을 통달하고 보니, 팔만 대장경이 한 구절 '나무아미타불'에 있더라는 것이다. '나무아미타불'에는 믿음[信]과 깨침[解]·닦음[行]과 증득[證]의 네 법문이 모두 포섭되어 있고, 대승과 소승을 비롯한 일체 경전의 요체가 빠짐없이 망라되어 있다는 것이다.

나옹혜근의 '살인도·활인검'

고려의 왕사인 나옹혜근(1320~1376) 선사는 20세에 이웃의 친구가 죽는 것을 보고, 죽으면 어디로 가는가를 어른들에게 물었다. 아무도 아는 이가 없자, 비통한 생각을 품고 바로 출가하여 명산대찰을 편력하다가 양주 회암사에서 4년간 수도한 끝에 깨달음을 얻었다.

1347년, 원나라로 건너가 연경 법원사에서 인도에서 온 지공 스님에게 배우고, 다시 1350년 가을에 영명연수 선사의 주석처였던 정자사로 가서 평산처림 선사를 참례하니, 평산이 나옹에게 물었다.

"앞서 어떤 사람을 만났는가?"

"서천의 지공 스님을 뵈었는데, 날마다 일천 개의 검[日用千劍]을 씁니다."

이에 평산이 다시 말했다.

"지공의 천 검은 그만두고 그대의 한 검을 가져와라."

그러자 나옹은 평산이 앉은 방석을 끌어당겼고, 평산이 거꾸로 넘어지면서 큰 소리로 외쳤다.

"이 도적놈이 나를 죽인다."

이에 곧 붙들어 일으켜 주면서 나옹이 말했다.

"내 칼은 사람을 죽일 수도 있고, 살릴 수도 있습니다[能殺人 能活人]."

평산은 설암 선사에게서 전수 받은 불자(拂子)를 깨달음의 신표로 주었다.

1351년 봄에 보타락가산으로 가서 관세음보살에게 예배하고, 이듬해 복룡산으로 가서 천암원장 스님을 뵈니, 물었다.

"어디에서 오는가?"

"정자선사에서 옵니다."

"부모가 낳아주기 전에는 어디에서 왔는가?"

"오늘은 4월 2일입니다."

천암 스님은 "눈 밝은 사람은 속이기 어렵구나." 하고 곧 입실을 허락하였다.　　　　　　　　　　　- 선림고경총서 22, 『나옹록』

정자사는 선정쌍수, 즉 정토선의 발상지다. 그 영향으로 지금도 중국 선종 사찰에서는 종종 '염불하는 자가 누구인가[念佛者是誰]?'라는 현판을 볼 수 있다. 나옹 선사 또한 이곳에서 정토선을 접했을 것이다. 선사는 누이가 만나기를 청하자, 다음과 같은 글로 답하였다.

"하루 스물네 시간 옷 입고 밥 먹고 말하고 문답하는 등 어디서 무엇을 하든지 항상 아미타불을 간절히 생각하여라. 끊이지 않고 생각하며 쉬지 않고 기억하여 생각하지 않아도 저절로 생각나는 경지에 이르면, 나를 기다리는 마음에서 벗어날 뿐 아니라 헛되이 육도에서 헤매는 고통을 면할 수 있을 것이다. 간절히 부탁하여 게송으로 말하겠다.

아미타불 어느 곳에 계시는가?
마음에 붙여두고 부디 잊지 말아라.
생각이 다하여 생각 없는 곳에 이르면
여섯 문에서 언제나 자금광(紫金光)을 내뿜으리.

한편 선사는 「승원가(僧元歌)」를 지어 노래하니, 이로부터 지금까지 '노는 입에 염불한다.'라는 말이 유행하게 되었다.

아미타불 염불 법은 온갖 일에 걸림 없어
남녀승속 막론하고 유식무식 귀천 간에 하던 일을 놓지 말고
농부거든 농사하며 노는 입에 아미타불!
직녀거든 길쌈하며 노는 입에 아미타불!
지금에도 이리 하고 행주좌와 이어 하면 극락왕생 어려울까?
길게 하면 육자염불! 짧게 하면 넉자염불!
행주좌와 어묵 간에 고성이나 속으로나
대소 간에 육자 넉자 부지런히 염불하세.

슬픈 일도 아미타불! 좋은 일도 아미타불!
노는 입에 잡담 말고 아미타불 말벗 삼아
생각마다 아미타불! 시시때때 아미타불!
곳곳마다 아미타불! 사사건건 아미타불!
일생 동안 이러하면 극락 가기 어려울까?

- 중략 -

이보시오, 어르신네 이 맘 저 맘 다 버리고
신심으로 염불하야 선망부모 천도하고
일체중생 제도하야 세상사를 다 버리고
연화선을 얻어 타고 극락으로 어서 가세.
극락세계 좋단 말을 남녀승속 다 알거늘
어서어서 저 극락에 속히 속히 수이 가세.

함허득통의 선정쌍수

함허득통(1376~1433) 선사는 성균관에서 함께 공부하던 친구의 죽음을 계기로 삶이 덧없음을 절실하게 깨닫고 21세에 출가하였다. 다음 해 봄, 양주 회암사로 가서 무학자초의 가르침을 받았으며 다년간 선 수행에 힘썼다. 스승 무학이 세상을 떠난 뒤, 이곳저곳을 다니며 수행하다 1420년 가을 오대산에서 여러 성인들에게 공양하고, 영감암으로 가서 나옹 선사의 진영에 제수를 올렸다.

그 암자에서 이틀을 묵었는데, 밤에 꿈속에서 어떤 신이한 스님이 가만히 스님에게 말하기를, "그대의 이름은 기화, 호는 득통이다."라고 하였다. 기화는 나옹에서 무학으로 이어지는 법맥을 이어받은 선승이면서도 『금강경』과 『원각경』을 주석하고 『금강경오가해』를 강의하는 자리를 비롯한 강경법회를 여러 차례 열기도 하였다.

1433년, 3월 25일에 짐짓 작은 병세에 의탁하여 몸과 마음이 편치 못했으며, 4월 1일 다음과 같이 임종게를 읊었다.

고요하게 텅 비어 본래 아무것도 없는데
신령한 빛 밝게 빛나 온 누리를 꿰뚫어 비추네.
나고 죽음을 받을 몸과 마음 다시 없으니
오고 가는 데 얽매임도 걸림도 없다네.

그리고 잠시 뒤 또 말하였다.

가면서 눈 들어보니 온 누리 푸르디푸른데
없는 것 가운데 길이 있으니, 서방극락이라네.

앞의 게송은 선의 경지요, 뒤의 게송은 정토에 대해 설하고
있음을 알 수 있다. 득통 선사는 경전이나 선 수행에 관한 게송
은 물론이고 「아미타불에 대한 찬탄(彌陀讚)」·「극락에 대한 찬탄
(安養讚)」·「아미타경에 대한 찬탄(彌陀經讚)」을 지었다. 특히 영가
들을 위한 법어에서도 정토 신앙을 잘 드러내고 있다.

태어남은 한 조각 뜬구름이 일어나는 것이요, 죽음은 한 조각
뜬구름이 사라지는 것입니다. 뜬구름 자체는 실체가 없는 것처
럼 생사 거래 또한 이와 마찬가지입니다.
다만 하나의 물건이 있어 항상 홀로 드러나 있는데 담담하여
태어나고 죽음을 따르지 않습니다.
이 한 물건을 아시겠습니까?

(말없이 잠깐 있다가 다시 말했다.)

뜬구름 흩어진 곳에 만 리 먼 하늘 환하게 열리고 눈뜰 때 봄빛
물든 다른 세상이 있습니다.

다시 아십시오. 불로 끓이고 바람으로 뒤흔들어 하늘과 땅이
부서져도 고요하고 고요하게 길이길이 흰 구름 속에 있습니다.

- 『함허당 득통 화상 어록』

이처럼 먼저 참선의 경지를 설파하면서도, 한편으로는 정토
신앙을 덧붙이고 있다.

만일 이를 깨친다면 바른 눈을 뜬 것이고, 무명을 부순 것입
니다. 혼령께서는 바른 눈을 뜨셨습니까? 무명을 부수었습니
까? 만일 아직 바른 눈을 뜨지 못하고, 무명을 부수지 못했다면
아미타불의 큰 원력을 이어받아 곧바로 아홉 가지의 연화대로
올라가소서.

앞서 자신의 임종게는 물론, 영가들을 위한 법어에서도 먼저
참선의 경지로 인도하고, 다시 서방 극락정토에 왕생할 것을 독
려하고 있음을 알 수 있다. 깨달음의 세계는 누구나 쉽게 도달할
수 있는 것이 아니기 때문에, 참선과 정토를 함께 닦기를 권하고
있는 것이다.

청허휴정의 '윤회를 벗어나는 지름길'

서산 대사로 잘 알려진 청허휴정(1520~1604) 선사는 『선가귀감』에서 다음과 같이 설하고 있다.

"부처님과 조사가 세상에 나오심은 마치 바람도 없는데 물결이 일어남이다. 그러나 법에도 여러 뜻이 있고, 사람에게도 온갖 기질이 있으므로 여러 방편을 세우지 않을 수 없다.… 나무아미타불! 이 여섯 자 법문은 윤회를 벗어나는 지름길이다. 마음으로 부처님 세계를 생각하여 잊지 말고, 입으로는 부처님 명호를 똑똑히 불러 헷갈리지 말아야 한다. 이와 같이 마음과 입이 서로 합치되는 것이 염불(念佛)이다.

자기 성품이 아미타불이라는 사람에게 말한다. 어찌 태어나면서부터 석가여래와 자연히 생긴 아미타불이 있을 것인가? 임종을 당해 숨 끊어지는 마지막 큰 고통이 일어날 때 자유자재하게 될 것 같은가? 그렇지 못하다면, 한때 배짱을 부리다 길이 악도에 떨어지지 말아야 할 것이다. 또한 마명이나 용수가 다 조사이지만 분명히 왕생의 길을 간절히 권했다. 그대는 어떤 사람이기에 감히 왕생을 부정하는가?"

'나무아미타불' 여섯 자 염불이야말로 윤회를 벗어나는 지름 길이라고 하는 것이다. 마명이나 용수 같은 대보살들도 극락왕 생의 길을 권했거늘, 그대는 이들보다 더 뛰어난 사람인가? 덧 붙여 '유심정토'와 '자성미타'를 앵무새처럼 되풀이하는 사람들에 게 별도의 훈계를 내리고 있다.

"사람들은 '자신의 마음이 정토이니 별도의 다른 정토에 태어 날 수 없고, 자신의 성품이 아미타불이니 아미타불을 볼 수 없 다'고 하는데, 이 말은 옳은 것 같지만 실은 그렇지 않다.
저 부처는 탐내고 성냄이 없는데, 나 또한 탐내고 성냄이 없는 가? 저 부처는 지옥을 연화장세계로 변화시키기를 마치 손바 닥 뒤집는 것처럼 쉽게 하시는데, 나는 업력으로 인해 늘 스스 로 지옥에 떨어지지나 않을까 걱정하고 있으니, 하물며 연화장 세계로 변화시키는 일이겠는가? 부처는 무진세계를 관하기를 마치 눈앞에 있는 것을 보시듯 하나 나는 단지 벽 하나를 사이 에 두고 있는 일도 알지 못하거늘, 하물며 시방세계를 눈앞의 것을 대하듯이 볼 수 있겠는가?
그러므로 모든 사람의 본성 자체는 비록 부처라고 하여도 드러 난 행위에서는 중생일 뿐이니, 현실적인 모양[相]과 쓰임새[用] 으로 따지자면 하늘과 땅 사이만큼이나 큰 차이가 있다."

참선에서의 견성(見性)은 다만 성품이 공(空)한 것을 본 것뿐이다. 그렇다고 해서 몸의 행위와 마음의 모습이 곧바로 바뀌지는 않는다. 중생이 본래 부처라는 것은, 본체[體]가 동일하게 공(空)하다는 뜻이다. 결국 중생도 아바타요, 부처도 아바타라는 의미다. 같은 아바타지만 마음의 모양[相]과 몸의 쓰임새[用]는 엄연히 다르다. 그러므로 「염불문」에서는 이렇게 설하고 있다.

"만일 어떤 사람이 한생각도 일으키지 않아 앞의 경계와 뒤의 경계가 끊어진다면 자성미타가 있는 그대로 드러나고 유심정토가 눈앞에 나타날 것이다. 이것이 바로 돈오(頓悟)돈수(頓修)이고 돈단(頓斷)돈증(頓證)이므로 중간 단계가 없다.
비록 그렇다고 하나 허망한 행상(行相)을 하루아침 하루저녁에 뒤집을 수는 없으며, 여러 겁에 걸친 훈습수행에 의지해야만 한다. 그러므로 '본래 부처지만 부지런히 염(念)해야 하고, 업(業)은 본래 공(空)한 것이지만 부지런히 끊어야 한다.'고 하는 것이다."

부처의 행(行)이 부처다. 나의 행(行)이 나다. 나의 행은 부처의 행과 같은가?

인(因) × 연(緣) = 과(果)

불교는 자각(自覺) 각타(覺他) 신앙이다. 스스로 깨닫고 남도 깨닫게 해 주는 것이다. 궁극에서는 자타가 둘이 아니지만 일단 은 자력과 타력을 함께 쓰는 것이 현명하다.

자력은 인(因)이요, 타력은 연(緣)이다.
인이 충실해도 연이 부실하면 과가 부실하다.
연이 충실해도 인이 부실하면 과가 부실하다.
인도 충실하고 연도 충실해야 과가 충실하다.

자력은 스스로 수영법을 배운 것과 같다. 잔잔한 호수나 작은 강은 홀로 건널 수 있다. 하지만 풍파가 세차게 몰아닥치는 고해 바다는 절대 건널 수 없다. 남들 또한 건너게 해줄 수도 없다.

아미타 부처님께서 만드시고 관세음 보살님과 대세지 보살님 이 이끄시는 견고한 금강반야선에 어서어서 올라타자. 정원은 무한정이다. 나도 타고 너도 타고 우리 모두 탈 수 있다. 타기만 하면 누구나 자동해탈이다.

아바타로 바라보고 셀프감옥 탈출!
아미타와 함께하니 사바감옥 탈출!
나도 해탈! 너도 해탈!
우리 모두 해탈!

몸과 마음이 '나'라는 생각이 셀프감옥이다. 이것이 아상(我相)
이다. 아상이 있는 한 결코 자승자박에서 벗어날 수 없다. 몸과
마음을 아바타로 바라봐야 비로소 탈출이 가능해진다. 또한 삼
계 육도인 사바세계 밖에 다른 세계가 없다는 생각은 사바감옥
이다. 사바세계 밖에도 수많은 불국토가 있으며, 그중 최상의 불
국토인 극락정토가 있다고 믿어야 도달할 수 있다.
　하지만 혼자 힘으로 가기는 쉽지 않다. 최상의 강력한 도우미
인 아미타여래의 본원력에 의지해야 탈출이 가능하다. 이를 믿
고, 극락정토로 가고자 발원하고, 아미타 명상을 일심으로 하면
누구나 함께 갈 수 있다.
　이것이 바로 자력과 타력을 함께 써서 불도를 이루는 자타일
시성불도(自他一時成佛道)의 비결인 것이다.

아바타명상 X 아미타명상

세계 곳곳이 위기다. 전쟁과 전염병은 물론이고, 지진과 해일 등 환경오염으로 인한 기후 재난이 이미 통제 불능 상태로 들어서고 있다. 오는 데는 순서가 있지만 가는 데는 순서가 없다. 내일이 먼저 올지 내생이 먼저 올지, 아무도 기약할 수 없는 것이다.

근래에 가까운 도반과 지인이 심근경색과 뇌경색으로 잇따라 돌연사하였다. 다음 순서는 내가 아니라고 어찌 장담할 수 있으랴? 지금부터라도 사소한 일에 목숨 걸지 말고, 생사 일대사에 매진해야 한다. 핵심은 아바타 명상과 아미타 명상이다.

첫째는 아바타 명상이다. 아바타는 본래 범어다. 산스끄리뜨어(Avatāra)를 영어에서 아바타(Avatar)라 표현한 것이다. 이는 본래 화신(化身)·분신(分身)이라는 뜻이다. 그러니까 이 몸과 마음이 내가 아니라 '나의 분신이자 화신'이라는 말이다.

이렇게 관찰해야 비로소 셀프감옥에서 벗어날 수 있다. 이 몸과 마음이 '나'라는 생각이 바로 셀프감옥이다. 몸은 내가 아니다. 마음도 내가 아니다. 몸과 마음을 아바타라 분리해서 바라보고 셀프감옥에서 탈출해야 한다.

"아바타가 애착하고 있구나!"
"아바타가 화를 내고 있구나!"
"아바타가 근심 걱정 하고 있구나!"

이렇게 거울 보듯 영화 보듯 강 건너 불구경하듯 대면해서 관찰하면, 탐내고 화내고 어리석은 마음이 객관화되고 서서히 누그러지게 된다. 그러면 관찰자에 초점을 맞춘다. 몸과 마음은 아바타요, 관찰자가 진짜 나다. 관찰자에 초점을 맞추는 비결은 '마하반야바라밀'을 입으로 염(念)하고 마음으로 실천하는 것이다.

"마하는 큼이요, 반야는 밝음이요, 바라밀은 충만함이다.
마하반야바라밀이 나요, 내가 마하반야바라밀이다.
나는 본래 크고 밝고 충만하다."

이렇게 입으로 염하고 마음으로 실천하다 보면, 내가 우주 속에 있는 것이 아니라, 우주가 내 안에 있게 된다. 일체와 내가 둘이 아님을 깨닫게 된다.

두 번째는 아미타 명상이다. '아미타'도 역시 범어로서 본래 아미타바(Amitābha)를 말하며, '광명이 한량없다'는 뜻이다. 비록 아바타 명상으로 셀프감옥에서 벗어났다 해도 고해(苦海)인 사바세계에서 벗어나기는 어렵다. 일심으로 '아미타불'을 염해야 쉽게 탈출할 수 있다. 윤회게임에서 벗어나 해탈게임으로 가는 지름길, 아미타 명상을 하면 다음과 같은 일곱 가지 효과가 기대된다.

첫째, 모든 부처님께서 챙겨주신다.
둘째, 삼독이 자연히 소멸한다.
셋째, 몸과 마음이 부드럽고 상냥해진다.
넷째, 기쁨이 가슴에 넘친다.
다섯째, 진리를 구하는 마음이 솟아난다.
여섯째, 내생이 기대된다.
일곱째, 죽으면 극락에 태어나 수명이 무량하다.

사바세계는 인과에 입각한 윤회게임 가상현실이지만, 극락정토는 인과(因果)를 초월한 해탈게임 가상현실이다. 고통은 없고 즐거움만 있다. 삼악도가 없다. 수명이 무량하다. 반야선에 탑승하면 누구나 갈 수 있다. 가기만 하면 인과에 떨어지지 않으며, 자동해탈이다.

요컨대 아바타 명상은 노·병·사에 대한 응급처방이며, 아미타 명상은 영원히 병고와 죽음이 없는 극락정토로 건너가는 것이다. 내세에 대한 확신은 죽음에 대한 공포를 줄어들게 한다. 그와 동시에 삶에 대한 애착 또한 줄어들고, 용기와 배짱은 오히려 늘어나게 된다. 삶과 죽음은 결코 둘이 아니기 때문이다.

간단히 말해 아바타 명상은 자력갱생(自力更生)하는 참선 수행이며, 아미타 명상은 타력왕생(他力往生)하는 정토 수행이다. 참선은 지혜를 개발하고, 정토는 방편을 구족한다. 방편이 없는 지혜는 속박이요, 방편이 있는 지혜가 해탈이다. 지혜가 없는 방편은 속박이요, 지혜가 있는 방편이 해탈이다. 그러므로 지혜와 방편을 함께 갖추는 것이 최상의 수행 방법이다.

'마하반야바라밀'을 염하면 참선 수행
'나무아미타불'을 염하면 정토 수행
참선은 금생을 활기차게 만들어 주고
정토는 내생을 확실하게 보장해 주네.

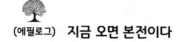

한때 건강도 신통치 않고 전법도 여의치 않아 부처님께 하소
연한 적이 있다.

"이제 그만 가고 싶네요."

그러자 곧바로 아미타 부처님께서 응답해 주셨다.

"지금 오면 본전이다."

'네에? 본전이라고? 기껏 와서 본전치기만 하고 갈 순 없잖은
가?'

그런데 무엇이 본전이라는 말씀일까? 곰곰이 생각해 보니, 지
금까지 40년가량 참선 수행과 전법에만 전념해 왔고, 정토 수행
과 전법을 소홀히 한 것 때문이라 여겨졌다. 돌이켜보면 최초로
안심(安心)을 얻은 것은 순전히 부석사 아미타불의 가피가 아니
었던가? 또한 부처님의 범종 불사 계시 덕분에, 어려웠던 코로
나19 팬데믹 기간을 그럭저럭 넘길 수 있었던 것이 아닌가?

이에 착안해 극락정토에 관한 경전과 자료들을 새롭게 공부
하면서, 그동안의 무지를 깨닫게 되었다. 극락정토를 그냥 최상
의 천상세계 정도로만 알고 있었던 것이 크나큰 오해이자 착각
이었던 것이다.

사바세계의 천당은 인과에 입각한 곳이다. 아직 지옥과 천당

이라는 이분법적 견해를 벗어나지 못한 곳이다. 한마디로 윤회 게임을 벗어나지 못한 가상현실이다. 극락정토는 인과법을 초월한 해탈게임 가상현실이다. 문턱이 낮아 누구나 갈 수 있다. 오히려 사바세계의 천당보다 가기도 쉽다. 가기만 하면 퇴보가 없다. 모두 해탈해서 일생보처보살이 된다. 이제라도 알게 되었으니 천만다행이다.

이에 『아미타경』을 넉자배기로 번역해 독송하고 강설하며, 아미타 명상을 새롭게 연습하던 중, 인터넷에서 여산 동림사 대불을 보게 되었다. 우와! 감탄사가 절로 나왔다. 48대원을 상징하여 불상의 높이만 48미터에 달하고, 연화대까지 합하면 자그마치 82미터가 되는 엄청난 크기의 아미타 불상이었다. 산꼭대기에 서 있는 야외 대형입상이건만, 금빛 색상 또한 수려하기 짝이 없었다.

서둘러 뜻을 같이하는 분들을 모집하여 마침내 2023년 11월 22일, 중국 정토종의 본산인 여산 동림사로 출발하였다. 일찍이 여산 혜원 법사가 이곳에서 백련결사를 맺어 아미타 부처님을 네 번이나 뵈었으며, 123명의 결사 참가자들이 모두 극락왕생하였다고 하니, 일말의 기대감도 있었다.

다음 날, 동림사에 도착하여 두루 참배하고, 저녁예불을 하며 경행염불을 익히게 되었다. 방식이 다소 낯설었지만, 새로운 방법을 알게 되어 반갑기도 했다. 다시 이튿날 새벽예불을 하면서 역시 경행염불을 하고 제자리로 돌아와 불단을 향해 오음염불을

하고 있었다. 그때 갑자기 앞이 환하게 밝아지며, 이런 말씀이
들렸다.

"나의 아들! 왔느냐?"
이에 황송하여 얼른 답하였다.
"부끄럽습니다."
그리고 덧붙여 말씀드렸다.
"정토법을 널리 펴겠습니다."
그러자 다시 응답하셨다.
"그래, 그게 네가 할 일이다."
"지켜봐 주시고 도와주십시오."
"당연하지! 그게 내 일이니까."
그리고 마지막으로 한마디 덧붙이셨다.
"금련결사를 활성화시키거라."

'앗! 벌써 알고 계시는구나.' 동림사에 가기 직전, 아미타 명상
을 꾸준히 실습하면서 금련(金蓮) 결사(結社)를 조직하였다. 살아
서는 모든 부처님의 호념을 받고, 죽어서는 극락정토 금빛연꽃
에 태어나고자 하는 모임이다. 이를 아직 말씀드린 바 없었지만,
이미 알고 계셨던 것이다.
　이야말로 불상 보러 갔다가 부처님을 뵙게 된 기쁜 소식이다.
무릇 형상이 있는 것은 모두 허망하다. 하지만 형상을 떠나서 중

생을 제도할 수도 없다. 몸도 형상이요, 마음도 형상이지만, 결국 형상이라는 방편을 통해 지혜를 계발해 내야 하는 것이다. 방편이 없는 지혜는 속박이요, 방편이 있는 지혜가 해탈이다.

형상이 있는 존재는 모두 허망하다는 견해로 보자면 살불살조(殺佛殺祖)인지라, 있는 부처도 모조리 없애야 한다. 몸도 아바타, 마음도 아바타, 부처도 아바타라고 하는 것이다. 하지만 형상으로써 형상을 치유하는 견해로 보자면 활불활조(活佛活祖)인지라 없는 부처님도 살려내야 할 판이다. 아바타로 아바타를 치유하는 이환치환(以幻治幻)인 것이다.

고장난명(孤掌難鳴)이라! 한 손바닥으로는 소리를 낼 수 없다. 두 손바닥이 마주쳐야 제대로 소리를 낼 수 있는 것처럼 나의 노력인 인(因)과 부처님의 본원력인 연(緣)이 합쳐져야 비로소 충실한 열매(果)를 맺을 수 있다. 그 비결은 바로 선정쌍수(禪淨雙修), 즉 참선과 정토를 함께 닦는 것이다.

선(禪)명상 실습 요지

1. 어느 것이 더 소중한가?

도망친 여인을 찾는 것과 자기 자신을 찾는 것
몸은 내가 아니다. 나의 것이 아니다. 나의 자아가 아니다.
마음도 내가 아니다. 나의 것이 아니다. 나의 자아가 아니다.
이와 같이 관찰하면, 애착에서 벗어나고 고통에서 해탈한다.

2. 이와 같이 관찰하라[應作如是觀]

모든 존재는 꿈[夢]·아바타[幻]·물거품·그림자·이슬·번
갯불과 같다.
세계는 세계가 아니요[卽非], 그 이름이[是名] 세계일 뿐!
몸도 아바타! 마음도 아바타! 이 세상은 가상현실!

3. 아는 만큼 보인다[一水四見]

'참 나'는 무아(無我)다: 초기, 산도 없고 물도 없다. (색 = 공)
무아에서 대아(大我)로: 대승, 산이 물! 물이 산! (공 = 색)
무아에서 시아(是我)로: 참선, 산은 산! 물은 물! (색 = 색)
무아에서 초아(超我)로: 정토, 산도 있고 물도 있다. (진공묘유)

4. 이뭐꼬?[是甚麼] 이것뿐![只這是]

바로 지금 여기에서 견문각지할 뿐! 견문각지(見聞覺知)하
는 자는 없다.
  조사선은 성품을 보아 부처의 행을 닦을 뿐! (修行佛行)
  묵조선은 몸으로써 다만 앉아있을 뿐!　　　(只管打坐)
  간화선은 마음으로 오직 화두 챙길 뿐!　　　(看話一念)
  정토선은 아바타가 '아미타바' 염할 뿐!　　　(一心念佛)

5. 선정(禪·淨)쌍수: 아바타명상 × 아미타명상

형상에 매달리면 상(相)에 떨어지고
형상을 무시하면 공(空)에 떨어지네.
다만 상(相)으로써 상(相)을 다스리니
아바타가 '아미타바' 염할 뿐!

선정(禪·淨)쌍수 실습 매뉴얼

1. 마하반야바라밀(因) × 나무아미타불(緣) = 불과(佛果) 성취

'마하반야바라밀'을 염하면 참선 수행
'나무아미타불'을 염하면 정토 수행
참선은 제상(諸相)비상(非相)이라 살불살조하고
정토는 이상(以相)치상(治相)이라 활불활조하네.

2. 좌선(坐禪): 아바타가 앉아있다. 다만 앉아있을 뿐! 앉은 자는 없다.

아랫배에 마음 집중: 일어날 때 '마하반야' 들어갈 때 '바라밀'
관자재보살이 깊은 반야바라밀을 행할 때에
몸과 마음 아바타라 관찰하고 모든 고통 벗어났다.
아바타가 애착한다. 아바타가 화가 난다. 아바타가 근심 걱정한다.

3. 주선(住禪): 아바타가 머무른다. 다만 머무를 뿐! 머문 자는 없다.

듣는 데 집중: '마하반야바라밀' 2회씩 주거니 받거니
마하는 큼이요, 반야는 밝음이요, 바라밀은 충만함이다.
마하반야바라밀이 나요, 내가 마하반야바라밀이다.
나는 본래 크고 밝고 충만하다.

4. 주불(住佛): 합장하고, '나무아미타불' 2회씩 주거니 받거니

참선은 지혜로써 본성에 돌아가니 선정인(禪定印)
정토는 방편으로 작용을 일으키니 정토인(淨土印)
방편이 없는 지혜는 속박이요, 방편이 있는 지혜가 해탈이다.

5. 행불(行佛): 오음(五音)염불, 오른발에 '아미' 왼발에 '타바'

아미타불 본심미묘진언 '다냐타 옴 아리다야 사바하'(3회)

계수서방안락찰 접인중생대도사 아금발원원왕생
유원자비애섭수 고아일심귀명정례
원이차공덕 보급어일체 아등여중생 당생극락국
동견무량수 개공성불도

『아미타경』

구자 삼장 쿠마라지바 한역
행불사문 월호 넉자배기 역

제1장 서분

이와 같이 난 들었다. 어느 때에 부처님은 사위국의 기원정사 계시면서 일천이백 오십 인의 아라한과 함께했다. 사리자와 대목건련, 마하 가섭, 마하 가전연, 마하 구치라, 이바다, 주리 반타까, 난타, 아난다, 라후라, 교범바제, 빈두로, 가류타이, 마하 겁빈나, 박구라, 아누루타 등이었다.

이밖에도 큰 보살인 문수사리 법왕자와 미륵보살, 건타하제 보살, 상정진- 보살 등의 대보살과 석제환인 비롯하여 한량없는 천신들이 함께했다.

제2장 정종분

1. 극락정토 장엄

바로 그때 석가모니 부처님이 사리붓다 장로에게 이르셨다.

"여기에서 서쪽으로 십만 억의 불국토를 지나가서 극락세계 있느니라. 그곳에는 아미타불 계시어서 현재 설법하시니라.

사리자여, 그 세계를 어찌하여 극락이라 부르는가? 그 나라의 중생들은 고통이란 일체 없고, 다만 모든 즐거움만 받으므로 극락이라 하느니라.

다시 또한 사리자여, 극락에는 일곱 겹의 난간들과 일곱 겹의 보배그물, 일곱 겹의 가로수가 줄지었고, 네 가지의 보배들로 이루어져 온 나라에 두루 하여 극락이라 하느니라.

사리자여, 극락에는 칠보로 된 연못 있어, 그 가운데 팔공덕수 그득하다. 바닥에는 금모래가 깔려 있고, 연못 둘레 사방 계단 금·은·유리·수정들로 되어 있다. 그 위에는 누각 우뚝 서 있는데, 금·은·유리·수정·자거·진주·마노로 장엄되어 있느니라.

연못에는 수레바퀴 같은 연꽃 피었는데, 푸른 연꽃 푸른 광채 빛이 나고, 금빛 연꽃 금빛 광채 빛이 나며, 붉은 연꽃 붉은 광채 빛이 나고, 하얀 연꽃 하얀 광채 빛나는데, 미묘하고 향기롭고 정결하기 짝이 없다. 사리자여, 극락세계 이와 같은 공덕으로 장엄하고 있느니라.

사리자여, 저 불국토 언제든지 천상음악 연주되고, 땅덩어리 황금으로 이루었고, 밤낮으로 여섯 차례 만다라화 꽃비 되어 내리니라. 그 나라의 중생들은 항상 이른 아침마다 아름다운 꽃을 담아 다른 세계 다니면서 십만 억의 부처님께 공양하고, 본국으로 돌아와서 식사하고 산책한다. 사리자여, 극락세계 이와 같은 공덕으로 장엄하고 있느니라.

다시 또한 사리자여, 그곳에는 아름답고 기묘하기 짝이 없는 온갖 새들 있느니라. 백학·공작·앵무·사리·가릉빈가·공명조 등 밤낮으로 여섯 차례 화평하고 우아하게 노래하고 있느니라. 이 소리는 오근·오력·칠보리분·팔정도를 연설하고 있느니라. 그 나라의 중생들은 이 소리를 듣게 되면 부처님을 생각하고, 가르침을 생각하고, 스님들을 생각한다.

사리자여, 이 새들이 죄업 지은 과보로써 생겼다고 하지 말라. 왜냐하면 그곳에는 삼악도가 없느니라. 사리자여, 그곳에는 삼악도란 이름조차 없건마는 어찌하여 삼악도가 있겠느냐? 이와 같은 새들 모두 아미타바 부처께서 묘한 법문 베풀고자 화현으로 만들어낸 것이니라.

사리자여, 저 불국토 미풍 불면 보석으로 장식이 된 가로수와 그물에서 미묘한 음 나오는데, 백천 가지 악기들이 합주하는 것과 같다. 그 소리를 듣는 이는 부처님을 생각하고, 가르침을 생각하며, 스님들을 생각함이 자연스레 우러난다. 사리자여, 극락세계 이와 같은 공덕으로 장엄하고 있느니라."

2. 극락 중생 장엄

"사리자여, 저 부처님 어찌하여 아미타불 명호로서 부르는 줄 알겠느냐? 사리자여, 그 부처님 대광명이 한량없어 시방세계 비추어도 걸림 없기 때문이다. 다시 또한 사리자여, 그 부처님 수명이나 백성들의 수명 또한 한량없고 끝이 없어 '아승지겁'인 까닭에 그 이름을 '아미타불' 명호로서 부르니라. 사리자여, 아미타불 성불한 지 이미 10겁 되었노라.

사리자여, 그 부처님 한량없고 끝이 없는 성문 제자 있지마는 모두가 다 아라한과 이루었다. 그들 숫자 산수로는 알 수 없고, 모든 보살 또한 다시 그러하다. 사리자여, 극락세계 이와 같은 공덕으로 장엄하고 있느니라.

다시 또한 사리자여, 극락세계 태어나는 중생들은 불퇴전의 보살 지위 성취했고, 그 가운데 많은 사람 일생보처 이뤘으며, 그 수효가 너무 많아 산수로는 알 수 없고 무량무변 아승지라 말하니라."

3. 염불 왕생 발원

"사리자여, 이 말 들은 중생들은 저 나라에 가서 나기 발원해야 하느니라. 왜냐하면 거기 가면 으뜸가는 사람들과 한데 모여 살 수 있기 때문이다. 사리자여, 조그마한 선근복덕 인연으론 저 세계에 태어날 수 없느니라.

사리자여, 선남자와 선여인이 아미타불 설함 듣고 그 명호를 굳게 지녀 하루 이틀, 사흘 나흘, 닷새 엿새, 이레 동안 일심불란하게 되면, 그 사람이 임종할 때 아미타바 부처님과 여러 성중 나타나서 아미타불 극락정토 왕생하게 될 것이다."

4. 육방불의 증명

"사리자여, 이와 같은 이익 보고 이러한 말 하였으니, 이러한 말 듣는 이는 저 국토에 가서 나기 발원해야 하느니라.

사리자여, 내가 지금 아미타불 불가사의 무량공덕 찬탄하는 것과 같이 동방에도 아촉비불, 수미상불, 대수미불, 수미광불, 묘음불과 항하사수 부처께서 저마다의 세계에서 크고도 긴 혀의 모습 나타내어 삼천대천세계 덮는 성실한 말 하시니라. '중생들은 불가사의 큰 공덕을 찬탄하고, 모든 부처 보호하고 챙겨주는 이 경전을 믿을지라.' 하시니라.

사리자여, 남방세계 일월등불, 명문광불, 대염견불, 수미등불, 무량정진 부처님과 항하사수 부처께서 저마다의 세계에서 크고도 긴 혀의 모습 나타내어 삼천대천세계 덮는 성실한 말 하시니라. '중생들은 불가사의 큰 공덕을 찬탄하고, 모든 부처 보호하고 챙겨주는 이 경전을 믿을지라.' 하시니라.

사리자여, 서방세계 무량수불, 무량상불, 무량당불, 대광불, 대명불, 보상불, 정광불과 항하사수 부처께서 저마다의 세계에서 크고도 긴 혀의 모습 나타내어 삼천대천세계 덮는 성실한 말 하시니라. '중생들은 불가사의 큰 공덕을 찬탄하고, 모든 부처 보호하고 챙겨주는 이 경전을 믿을지라.' 하시니라.

사리자여, 북방세계 염견불, 최승음불, 난저불, 일생불, 망명불과 항하사수 부처께서 저마다의 세계에서 크고도 긴 혀의 모습 나타내어 삼천대천세계 덮는 성실한 말 하시니라. '중생들은 불가사의 큰 공덕을 찬탄하고, 모든 부처 보호하고 챙겨주는 이 경전을 믿을지라.' 하시니라.

사리자여, 하방세계 사자불, 명문불, 명광불, 달마불, 법당불, 지법불과 항하사수 부처께서 저마다의 세계에서 크고도 긴 혀의 모습 나타내어 삼천대천 세계 덮는 성실한 말 하시니라. '중생들은 불가사의 큰 공덕을 찬탄하고, 모든 부처 보호하고 챙겨주는 이 경전을 믿을지라.' 하시니라.

사리자여, 상방세계 범음불, 수왕불, 향상불, 향광불, 대염견불, 잡색 보화엄신불, 사라수왕불, 보화덕불, 견−일체의불, 여− 수미산불, 항하사수 부처께서 저마다의 세계에서 크고도 긴 혀의 모습 나타내어 삼천대천세계 덮는 성실한 말 하시니라. '중생들은 불가사의 큰 공덕을 찬탄하고, 모든 부처 보호하고 챙겨주는 이 경전을 믿을지라.' 하시니라.

5. 현세와 내세의 이익

"사리자여, 어찌하여 이 경전을 '일체 모든 부처님이 보호하고 챙겨주는 경전'이라 말하는가?

사리자여, 선남자와 선여인이 이 경전을 듣고 받아 지니거나, 제불 명호 들은 이는 일체 모든 부처님이 보호하고 챙겨주어 최상 가는 깨달음서 물러나지 않게 된다. 그러므로 사리자여, 그대들은 나의 말과 모든 부처 말씀하심 믿고 받아 지녀야만 하느니라.

사리자여, 만약 어떤 사람들이 극락정토 태어나길 '이미 발원' 하였거나 '지금 발원' 한다거나 '장차 발원' 하는 이는 최상 가는 깨달음서 물러나지 않게 되어, 이미 벌써 태어났든 지금 바로 태어나든 장차 응당 태어나게 될 것이다. 그러므로 사리자여, 신심 있는 모든 이는 저 국토에 태어나길 발원해야 하느니라."

6. 제불의 찬탄

"사리자여, 내가 지금 여러 부처 불가사의 공덕지음 찬탄하듯, 부처님들 또한 나의 불가사의 공덕지음 찬탄하고 계시니라. '석가모니 부처님이 진정으로 어렵고도 희유한 일 하시노라. 사바세계 오탁악세, 그 시대가 혼탁하고, 견해·번뇌·중생·수명, 혼탁하기 짝이 없는 가운데서 최상 가는 깨달음을 얻으시고, 중생들을 위하여서 일체 세간 믿기 힘든 이 법문을 설하신다.' 하시니라."

사리자여, 응당 알라. 이 여래가 오탁악세 가운데서 어려운 일 행하여서 최상 가는 깨침 얻고 일체 세간 위하여서 믿기 힘든 이 법문을 설하기는 어렵기가 짝이 없는 일이니라.

제3장 유통분

부처님이 이 경전을 설하여서 마치시니, 사리자와 모든 비구, 일체 세간 천신들과 아수라가 부처님의 말씀 듣고 기쁜 마음 일으켜서 믿고 받아 예배하고 물러났다.

원이차공덕 보급어일체 아등여중생
당생극락국 동견무량수 개공성불도

아바타명상×아미타명상
가자, 가자, 건너가자

초판 1쇄 인쇄	2024년 4월 25일
초판 1쇄 발행	2024년 5월 4일

지은이	월호
펴낸이	윤재승

주간	사기순
기획편집	정영주
기획홍보	윤효진
영업관리	김세정

펴낸곳	민족사
출판등록	1980년 5월 9일 제1-149호
주소	서울 종로구 수송동 58번지 두산위브파빌리온 1131호
전화	02-732-2403, 2404
팩스	02-739-7565
홈페이지	www.minjoksa.org
페이스북	www.facebook.com/minjoksa
이메일	minjoksabook@naver.com

ISBN 979-11-6869-053-0 03220

● 이 책 내용의 전부 또는 일부를 재사용하려면 반드시 저작권자와 출판사의 서면 동의를 받아야 합니다.
● 책값은 뒤 표지에 있습니다. 잘못된 책은 바꿔 드립니다.